# 僕たちは支え合いから幸せを創ることができる

～提言　社会保障エコシステムの未来～

# プロローグ——私が社会保障の改革に挑む理由

## ●幼少の記憶——祖父母の介護を経て

私が小学校低学年の頃の記憶にさかのぼる。

私の両親は共働きだった。母の職業はプロテスタントの教会牧師、父は技術畑のサラリーマンだった。兄弟のいなかった私にとって、三世代同居をしていた母方の祖父母が一番の遊び相手だった。学校から「ただいま！」と家にとび込むと、「おかえり！　何か食べるか？」という明るい声が出迎えてくれた。おやつの定番は祖母が握った焼きみそにぎりとパイナップルの缶詰。育ち盛りの私はパイナップルを口に流し込み、おにぎりをほおばりながら、祖父の部屋へと急ぐ。私は祖父から将棋を覚え、夕時になれば一緒にテレビで野球を見て楽しんだ。祖父は口数は少ないが、私のことをとてもかわいがってくれた。祖父の日課は、新聞のテレビ欄をチェックして、私の好きそうなアニメ番組に赤線を引くことと、ひいきのプロ野球球団である横浜ベイスターズ戦のスコアの記録だった。一人で登校するのが不安だった小学校入学直後には、学校までこっそり一緒についてきてくれていた。その溺愛ぶりから、我が家の中では某人気アニメのキャラクターの名前から「ともぞう」とあだ名がつくほどだった。

私にとっての一番の楽しみは、両親の休日にひらかれる家族みんなでのカラオケ大会。年季のはいった家庭用カラオケ機を取り出し、家族みんなで盛り上がる。祖母は詩吟を趣味にしており、歌が大好きだった。そして明るい性格の彼女の周りにはいつも笑顔が絶えなかった。特にお気に入りは昭和の大スター美空ひばり。私が代表曲の「川の流れのように」を歌うと、「うまいね〜」と手拍子をして褒めてくれた。それが嬉しくて、私は何度でも「川の流れのように」を歌った。

ある日、祖母を病が襲う。数年前から体調不良や手足のしびれなどの症状が出ていた祖母が、パーキンソン病の診断を受けた。パーキンソン病は、脳の神経伝達物質であるドーパミンの減少が原因といわれ、手の震え、筋肉の固縮、寡動、姿勢反射障害といった症状を伴う。病状が進行するにつれ、自由な身動きをとることが難しくなり、寝たきりになってしまうこともある。2023年現在でも根本治療の方法は見つかっておらず、国の指定難病になっている。はじめは、身体の震えが収まらない、歩行・起立の際にバランスを崩すなど、身の回りの不便さを感じる症状ではあるが、なんとか自立して日常生活を送れる状況だった。しかし、駅で通勤中の通行人と接触し転倒してしまう事故が起きた。それ以降、病状が一気に進行し、自立歩行は困難になり、介護ベッドでの生活になってしまった。

パーキンソン病は、身体的機能のみでなく認知障害を伴うケースがある。祖母の認知障害も徐々に深刻になり、私たち家族すら認識できないことも出てきた。時には、私の母や父に受け入れがたい言葉を吐いてしまう日もあった。薬の影響もあったのだろうか、幻覚を見て「外から銃で狙われている」と夜中に大騒ぎになることも一度や二度ではなかった。その頃には、両親と私は祖父母の家の近くの一軒家に引っ越しての生活がスタートしていたが、深夜に母や父が祖母の電話で呼ばれ駆けつけることは日常茶飯事であった。

祖母の病気が発覚してから数年後、祖母をいつも心配していた祖父の様子がおかしい、という話になった。言ったことを覚えていなかったり、些細なことでも怒りっぽくなっている。祖父もまた認知症になっていた。ある日、祖父が大量のパイナップルの缶詰を買ってきた。町中から買い占めたのではないかと思うほどだった。どのくらいの数を買ったのかわからなくなってしまっていたのだろう。それでも、買ってきたのが私が幼少期に好きだったパイナップルの缶詰だったところに、私たち家族は「ともぞう」としての優しさを感じ、心が締め付けられる思いだった。

後に祖父も脳梗塞を発症。特に下半身の機能が低下し、自立した生活を行うことは困難になってしまった。

こうした状況の中で、私たち家族は心身共に追い詰められていった。当時の私は、両親が帰るまでの間、祖母の寝返りを助けたり、薬を仕分けするなど軽微な手伝い程度のことしかしていない。しかし、母は自らも牧師という重責を担いながら、実の両親の介護という現実に向き合うことに必死だったように思う。また、父も夜遅くまで働きながら、家族や祖父母を心身共に支え続けていた。祖母は早期に介護認定を受けることができたため、しばらくは在宅でヘルパーやショートステイなどの介護サービスを受けながら生活をすることができた。それでも二人同時の介護はお金の面でも大きな負担であったことは想像に難くない。私たち家族にとってこうした生活は限界が近づいていた。

祖母は高齢者施設に入居することになり、病気の進行に伴い病院や施設への入退所を繰り返していった。実の母の介護を誰かに任せてしまうという罪悪感なのだろうか、あの明るく元気だった祖母が変わっていくことへのつらさだったのだろうか。施設に一緒に面会に行った帰り道の母の苦しそうな表情を子どもながらに鮮明に覚えている。祖母は入所してからは、「家に帰りたい」が口癖であった。せめてもという思いでか、たまの一時帰宅にはおしゃれな帽子をかぶって出かけた。そんな祖母を施設の方も献身的に支えてくれた。嚥下が難しくなった祖母のとろみのついた食事も、ちょっとでも美味しく食べられる工夫をこらしてくれた。

数年間の施設での生活の後、祖母は亡くなった。ふくよかだった祖母は、晩年自力での嚥下ができなくなり、痩せこけていた。人間の老いの残酷さと死のあっけなさを目の前にして、私は涙がとまらなかった。その知らせを自らも入所中の施設で聞いた祖父は、車いすで祖母の葬式に参列した。その祖父も3年後、亡くなった。二人とも最後はとても穏やかな顔をしていたように思う。

家族での介護は私にとても大切なことを教えてくれた。人間は誰もが年をとっていく。今若い私たちの世代もいつかは老いる。これまでとは違う自分になってしまう「老い」は、確かに本人にも周りの家族にとってもつらい。それでも老いてなお、大切な人と時間を共にして互いの優しさや愛を感じ取ることはできる。最後まで自分らしく生きることはできる。老いることは時につらいことではあるが、悲しいことではない。

## ●人生には自己責任だけではどうしようもないことが起こる

私たちは、自分一人の力で生きることができるとしばしば錯覚する。特に今の私のように、20代、30代では体もピンピンしているし、働くことにも無理がきく。しかし、年齢に伴い体が弱くなったり、物忘れがひどくなったりすれば、自力だけでこれまでのように暮らし続けることは難しいかもしれない。誰かの支えが必要になる。これは当たり前のことである。そもそも、私たち人間は赤ん坊という「最も弱い存在」としてこの世にあらわれる。人生のスタートから、人間には誰かの支えが必要なのである。身体も健康で、精神的にも問題なく日々を過ごしている私たちも、誰かの支えのもとに暮らしている。例えば、多忙なサラリーマンが朝気持ちよく出勤できるのは、忙しい彼に代わって地域の誰かが家の前の掃除をしてくれているからかもしれない。些細なことかもしれないが、そんなこと一つだって実は自分の力だけでは完遂することは難しい。常に私たちは誰かを「支える」存在であると共に、誰かに「支えられる」存在なのである。

人生には自己責任だけではどうしようもないことが必ず起こる。だからこそ、人間は支え合うことができる。共に寄り添うことができる。そうした人と人との触れ合いの中に、互いの優しさや愛を感じ幸福感に満たされる瞬間がある。祖父母は、私に人生を幸せに生きるコツを教えてくれた。

そして、振り返ると、私たち家族は多くの方々に支えられた。毎日、介護をしてくれた施設の職員・福祉職の方々。長年祖父母の病状と向き合っていただいた医療関係者の方々。祖父が一人で暮らすようになってから見守ってくれた地域の方々。祖母が施設から一時帰宅をした時に介護を手伝ってくれたのは、山形から新幹線で駆けつけてくれる親戚だった。私たち家族は孤立していなかった。

そして、こうした経験が今の私の価値観の土台を形づくっている。

## ●松下政経塾との出会い

私は現在、公益財団法人松下幸之助記念志財団松下政経塾（以下、松下政経塾）に塾生として所属している。実は私が松下政経塾に初めて出会ったのはずいぶん前のことだ。

高校生になった私は家族での介護経験を通して、社会の仕組みに関心を強く持つようになっていた。ちょうどこの頃、我が家では家族旅行を兼ねて、全国の戦争遺跡をめぐるのが恒例となっていた。牧師である母にとっては、平和研究も兼ねていたのだろう。ヒロシマ、ナガサキ、オキナワなどをめぐる中で、戦争をいかになくすことができるのか、という大きな問いも抱くようになっていた。そんな私が、政治に関心を持つようになったのは自然な流れだったのかもしれない。

1年間の浪人生活を経て、早稲田大学の政治経済学部に進学した。介護を続けながら私を育て、浪人生活、大学進学までも実現してくれた両親には心から感謝している。入学式直前の3月、私は新入生オリエンテーションに出席するために初めて大学に登校した。キャンパスはサークルの勧誘チラシを配る学生でごった返していた。大量に配られるチラシの中の「野田佳彦総理講演会」という文字が目に入った。どうやら、企画しているのは鵬志会という政治サークルらしい。政治に関心が高まっていた私には願ったりかなったりで、ミーハー心も手伝い、講演会に参加することにした。

野田総理が壇上にあがった時、私は「テレビに出ている人だ。本物だ。」と率直に思った。初めて生で見る政治家だった。講演は「早稲田大学政治経済学部を優秀な成績で卒業した友人がいます、野田佳彦です。」というつかみから始まった。参加者がどっとわいた。独特な重量感のある声で講演は進んでいく。その中で今でも忘れられないエピソードがあった。

「車に乗って移動している時、下を向いて歩いているサラリーマンが見えるんです。そうすると、この方が下を向いて歩いている原因をつくっているのは自分なのかなと思うんです。」と野田総理が話した。

一国の総理が、見知らぬ誰かの生活をここまで「わがごと」として考えるのかと感銘を受けた。そして、政治が生活と直結しているのだと感じ、私の中で政治という言葉との距離が一気に近づいた気がした。この経験は、新入生の私にとっては、政治熱をさらに高めるのに十分すぎるものだった。私は鵬志会に早速入会した。鵬志会の活動は、政治家の事務所で学生インターンとして、ポスター貼りや事務作業などのお手伝いをするのが中心だ。やや時代に逆行した体育会系の気風の残る会だった。ある日、松下政経塾の学生向け見学会に鵬志会の学生として参加できることになった。

松下政経塾は、1979年にパナソニック創業者の松下幸之助によって創設された。先述の野田佳彦元総理も第一期生のOBである。松下幸之助は「物と心の繁栄を通じて、平和で幸福な社会を実現する」という志を、生涯をかけて追い求めた。この志を継ぐ未来のリーダーを育てるべく、自らの私費を投じ設立されたのが松下政経塾である。

松下政経塾は全寮制で神奈川県茅ケ崎市の海のすぐそばに位置する。寮は塀とうっそうとした木々に囲まれ、どこか異世界のような雰囲気がある。そこで、ほかの鵬志会のメンバーと一緒に塾内を見学して、塾の成り立ちや理念に関して説明を受けた。正直、当時の塾に関する説明のほとんどは覚えていない。唯一、いただいたパンフレットに記載されていた「志のみ持参」という言葉だけが心に残っていた。確かに当時の私は、政治や社会問題に関心はあった。でも、すぐに自分が何かをしようとか、自分が動き出そう、とは思わなかったというのが本音である。今思えば、どこか何事にも他人ごとだったのかもしれない。そんな私がこの松下政経塾に「戻って」くるのはしばらく先のことになる。

## ●銀行営業の経験――「すぐやる、うそをつかない、明るい挨拶」

大学卒業後は銀行に就職した。政治・社会問題に関心があった私はマスコミへの就職と最後まで悩んだ。最終的に銀行への就職を決めたのは、客観的に論じるだけではなく、暮らしに最も身近な「お金」を通して、直接、誰かの役に立つ仕事がしたいと思ったからだった。入行してからは営業業務を担当した。窓口対応、お客様個人の資産運用、中小企業の融資提案と、お客様は変われど一貫して新規の取引先開拓にうち込んだ。しかし、頭でっかちで世間知らずな新卒の私が簡単に通用するほど、仕事は甘くなかった。一日に何件も顧客に電話をかけてのアポ取り。自転車にまたがっての飛び込み営業。机上の空論、口だけでは何一つうまくいかないことを痛感した。どんなに自分がよい提案だと思っていても、そもそもお客様は関心もなければ私からの提案を聞く義理など全くない。まず少しでもお客様に関心を持っていただき、1分でもお話の時間をいただくまでに苦慮した。

そんな時に、上司に教えていただいたのが、物事をシンプルに考えることだ。「うまくできなかったらどうしよう」と勝手に思いを膨らませてもしょうがない。今お客様が何を求めているかを考えることだけに集中するということだった。どんな小さな困りごとでも求められていることにすぐに対応すること。その上で、お客様の口からポロっと本音が出た時が勝負。ごまかしたり、はぐらかしたりせずに正確に正直に対応すること。そして信頼関係がまだ薄いお客様こそ明るく挨拶をすること。この3つをシンプルに考えて仕事をするようになった。すると徐々に、お客様との会話の内容が家族の悩みや経営上の課題などと深くなり、信頼関係をつくることができるようになってきた。それに伴って、結果も後からついてくるようになったのである。私はこの「すぐやる、うそをつかない、明るい挨拶」という行動指針3カ条は仕事だけにとどまらず、友人やパートナーとの関係など人との関係性を豊かにしてくれる知恵だと思っている。

## ●すぐ隣にあった生活不安――「しょうがないんです。」

仕事が軌道に乗るようになり、お客様と話をする機会も格段に増えてきた。ある時、一人のお客様と出会った。彼女は同世代のシングルマザーで非正規で会社の経理をしているという。その日、簡単な銀行事務の手続きから、話題はパーソナルなものに変わっていった。一人での子育ての不安、今後の生活費の不安、仕事をずっと続けられるかわからない不安。面談は1時間半におよんだ。目の前の同世代の女性がこれほどまでの重荷を抱えていると知り、私は圧倒されてしまった。私は彼女の話をただただ聞くことしかできなかった。そして、なんとか絞り出したのは「大変ですね。」という月並みなひとこと。彼女は最後に「でもしょうがないんです。こんな話を聞いてもらって、ありがとうございました。」と締めくくった。

外訪先から支店に帰るまでの間に何度も彼女の言葉を反芻した。日々、仕事と子育てに奮闘する彼女が何か悪いことをしたのだろうか。彼女に「しょうがない。」と言わせてしまう社会は何かがおかしいのではないか。振り返ると私たちの家族は幸運だったのかもしれない。祖父母が働いてきた分のたくわえ、介護保険、医療保険といったセーフティーネットがあった。近くに私たちが住んでいて生活の助けをすることもできた。地域の方とも顔見知りだったし、介護職の方との出会いにも恵まれた。しかし、ほんのちょっとしたことで運命が変わっていたらどうだっただろうか。家族の誰かが事故にあってしまっていたら。親戚や地域の方とトラブルを抱えて疎遠になっていたら。祖父母が現役時代に働くことが困難で、保険料をおさめることができていなかったら。

私は恥ずかしながらその時初めて、生活困窮が実は人生のすぐ隣にあったことに気が付いた。そして、自らもまた簡単に当事者になりうることを実感したのである。

## ●支え合いから幸せを創る社会を目指して

お金を通してお客様の人生と向き合う中で見えてきたものは、今の社会においては「誰もが」家計苦や将来の見通しの立たなさに直面しているという現実だった。一部の恵まれない人が生活に困っているのではなく、家計が苦しい契約社員、シングルマザー、家族の介護に悩む経営者など、もはや「誰もが」日々の生活の苦しさや将来不安と向き合っている。しかし、それは本当に当事者だけの責任といい切れるだろうか。誰の人生にも自分の力だけではどうしようもないことが起こる。だからこそ、私は困った時だけではなく、どんな時でも社会的なつながりや助け合いを感じることで、安心感に満たされることが求められていると考える。こうした支え合いの中に幸福や喜びを見出せる社会は、誰もが居心地のよい社会ではないだろうか。支え合いから幸せを創る社会の実現。それこそが私の志である。そう思い立った時、私は松下政経塾の「志のみ持参」の言葉をふと思い出した。

## ●志ひとつ持参し、松下政経塾、そして最初の現場へ

私は松下政経塾の門をたたいた。私は志の実現のためには、ユニバーサルな社会保障制度を再構築することが欠かせないと考えた。それは、銀行での経験を通して、日本のセーフティーネットが本当に困っている人に対して行き届いていない現実を垣間見たからだった。

松下政経塾には常勤の講師はいない。4年課程のうち、1年間の基礎課程は全寮制で同期生と寝食を共にしながら過ごす。その後の実践課程では、自ら課題を設定し、その検証を行いつつ、ビジョンを深めていく。まさに自修自得である。自分を甘やかすかどうかは自分次第。卒塾する際に、学びが足りなければそれはまさに自業自得になる。松下幸之助は「百聞百見は一験に如かず」として、物事の本質は自ら経験してみなければわからない、と説いた。それにならい、松下政経塾の研修では「現地現場主義」こそ物事を考える基礎だと教えられる。私も1年間の基礎課程を終えた際、この自修自得、現地現場主義にならい、実践課程の最初の現場を探していた。そんな中で当時の塾長に、「社会保障をやるからには、厳しい現実を現場で見てこないとだめだ」とご指導いただいた。その時、思い出したのが地元横浜の寿町であった。寿町は、戦後日雇い労働者の町として栄えた。彼らが滞在するための簡易宿泊所（通称ドヤ）が立ち並ぶようになると、全国から生活困窮者が集うようになる。現在でも簡易宿泊所で暮らす方々の9割以上が生活保護を受けて生活している。寿町は、官庁街や野球場などのある歓楽街からほどない距離に位置する。しかし、道一本入ると、どこか人を寄せ付けない空気を感じる。まさに近くて遠い存在だった。しかしそれは、これまで私自身が現実を見て見ぬふりをしてきたことの証左だったのだろう。

こうして最初の研修先を、寿町に決めた。わずか1週間ではあるが、簡易宿泊所に宿泊しながら、関係機関からヒアリング調査を実施した。

町に入って最初に目に入ったのが、道路の真ん中で談笑するおじさんたちの姿である。酒を飲みながら麻雀を楽しむ人。透析をしながら車いすで煙草をたしなむ人。歩行者天国さながらである。そこでは各人が思い思いの時間を過ごしており、独自のコミュニティが形成されている。

そして、ひときわ目立つのが、デイサービス等の介護サービス事業者である。その多くは簡易宿泊所の1階に位置しており、朝になると一斉にヘルパーが各簡易宿泊所の部屋に散っていく。かつて日雇い労働者の町だった寿町も高齢化が進み、一大福祉拠点となっていた。

関係機関にヒアリングを進めていく中で、彼らが生活困窮に至る以前に様々な事情を抱えているケースが多いことを知った。もともとコミュニケーションに難がある方。軽度の障がいを持っている方。家庭環境に困難を抱えている方などである。

ある日、公園のベンチで座っているおじさんに勇気を出して声をかけてみた。「今日は寒いですね。大丈夫ですか？」。おじさんは私の方をぎょっと見て、「知らねぇ。」と言って手持ちの缶酎ハイに口をつけ、どこかへ行ってしまった。私は明らかによそ者で、彼にとって話すに値しない、ただそれだけのことだった。ほんの数秒の出来事であったが、「生半可な気持ちでやるな、そう甘くない。」と叱咤していただいたように感じた。

私はこの最初の研修以降、全国の福祉現場に足を運ぶことを決めた。現場で何が起き、どんな涙や笑顔があるのか、知りたいと思った。松下政経塾卒塾までの3年間、実際に現場で活動しながらその現状を知り、自分が少しでもできることがあれば目いっぱい取り組むことを目標に活動することにした。時には地域福祉活動の立場から、時には自治体行政の立場から、そして時には福祉サービス事業者の立場から様々な視点で学ばせていただいた。福祉の右も左もわからない私を包み込むように受け入れてくださり、時には厳しくご指導いただいた現場の皆様には改めて心から感謝している。ありがたいことに入塾してから現在に至るまで、80か所以上の福祉現場を訪れ、時には共に活動させていただいた。2023年現在は、神奈川県茅ケ崎市内の子どもの居場所づくりを実施する一般社団法人リトルハブホームに事務局長として参画している。

## ●本書の構成

本書はミクロには福祉現場の体験を素地としながら、マクロには来たるべき社会保障システムのビジョンを粗削りながら描いていくことを目的としている。第1章では、なぜ今「支え合い」の仕組みが必要なのか、という根本的な問いに思想的観点と現状の分析から答えた上で、大まかな改革の方向性を提示する。第2章では、今私たちの社会で起こっている問題を共有し、福祉現場での経験を通して浮かび上がった困難を報告する。第3章では、こうした課題を社会保障制度として解決する際の2つの大きな障壁を指摘する。第4章では福祉大国スウェーデンを手がかりに、こうした袋小路から抜け出すヒントを探る。第5章では、制度を実際に活かすための鍵として、地域の「福祉共創」コミュニティの実践を紹介する。第6章ではこれまでの議論を総括し、エコシステムとしての社会保障ビジョンを描くと共に、重点政策を提言する。終わりに、社会保障エコシステムが実現した先にある未来を考えたい。

私自身、福祉の専門家でも財政の専門家でもない。また、本稿での記述の多くが私自身の経験に拠ったものであってすべてが一般化できるものでもない。したがって、現場や専門家の皆様から見れば稚拙な記述が多々あることと思われる。さらに、浅学菲才ゆえ、提言自体に関する検証も十分ではないと思われる。読者の皆様からの屈託ないご意見を頂戴できれば幸いである。

宗野　創

# 僕たちは支え合いから幸せを創ることができる
## ～提言　社会保障エコシステムの未来～

# 第1章

# なぜ今「支え合い」の仕組みが必要なのか？

## 第1節　社会保障制度が必要な理由—思想的背景—

**ポイント**

▽社会保障制度は1880年代にドイツで生まれた。その後、先進国の多くに取り入れられてきた一方、国の発展に「役に立つ」労働力を確保する手段とみなされてきた。

▽「生のリスク」、「生の偶然性」、「生の脆弱性」、「生の複数性」という「生」の特徴に価値をおいた社会保障制度を構築するべきである。

▽財源となる徴税に国民が同意するのは、生活の困りごとが「共同の困難」として認識された時である。

そもそも、人々はどのような社会のありかたを目指し、そしてなぜ制度を必要としてきたのだろうか。まずは、社会保障制度の成り立ちから考えてみたい。

社会的連帯という言葉がある。これは、「互いの生を保障するために人びとが形成する人称もしくは非人称の連帯[i]」のことを指す。人々は生きていく上でつながり、共に支え合うことが必要不可欠である。こうした思いに共感が広がり原動力となって、社会の中で芽生える連帯感と言い換えてもいいかもしれない。この社会的連帯を制度として表現したものが社会保障制度といえよう。公的な社会保障制度の始まりは鉄血宰相ビスマルクが率いるドイツだった。1880年代のドイツで社会保険が生まれ、現在に至るまで、社会保障制度は一層の拡大を見せてきた。第二次世界大戦後は「ゆりかごから墓場まで」といわれるように、先進国の多くが福祉国家の道を歩んできた。その一方で、政治学者の齋藤純一は歴史的には社会保障制度が「経済成長を推進すべき健全な労働力を確保するための装置」として位置づけられてきたとする。結果として「人的資源」として活用できないと判断される人びとが国民統合から排除される対象となったと指摘する[ii]。例えば、会社や社会のために「役に立つ」もののために社会保障制度はある、という主張がこれに由来する。高度経済成長期と共に国民皆保険が謳われた日本でも、こうした視点が背景にあったことは否定できないだろう。いわば国家が安定して機能するためのトップダウン的思考がその背景にあったのである。

一方で、社会保障制度にはより重要なもう一つの視点がある。それは生活者からの視点だ。生活者の立場から社会的連帯（あるいはそれが制度化した社会保障制度）にコミットする理由とは何か。齋藤は第一の理由に「生のリスク」をあげる。私たちは事故や病気といった、生きていく上でのリスクに対処する必要がある。第二の理由は「生の偶然性」である。これは才能や家庭など、各人がコントロールできない要因で左右される不正に対処するためである。第三の理由は、「生の脆弱性」である。すなわち、生・老・死・病などで顕著であるが、誰もが他者に依存する[iii]ことなしには生を保てない脆弱な存在であるからである。そして第四の理由は、「生の複数性」にある。これは、人々の才能を活かし多様な生き方を促す生活の条件を整えるためである。齋藤は以上の四つにコミットの理由を整理する[iv]。これらの理由は、いずれも私たちの「生」そのものに価値をおいたものである。そしてその価値は、誰かの「役に立つかどうか」で決められるものではない。本書でも論じるように、現在の日本の制度下では多くの「狭間」が生まれ、十分に生活者の視点に応えられているとはいいがたい。社会的連帯のありかたに照らせば、社会保障制度を描く際には後者の視点に立ち、制度設計をしていくことが求められているといえよう。

一方で、こうした社会保障制度を充実していく際には、財源の裏付けが必要となる。すなわち、保障を支える歳入面で、国民が同意できる基準の税制・財政の負担が必要となることを意味する。経済学者のシュムペーターは人々が租税の徴収への同意をする理由は、私的領域にとどまらない公的領域での「共同の困難[v]」であることをあげる。そして、この困難への対処こそが租税国家を生んだと指摘する。例えば、戦争を国民が自分一人ではなく「共同の困難」とみなした際には戦費の充実のために、将来的な負担となる公債を発行することに国民自身が同意する場合がある。こうした資金を租税といった手段で調達するのが租税国家である。いわば、租税国家の財政には、まずは政策の必要性に基づいた歳出を量り、歳入を調達するという、「量出制入[vi]」の原則がある。したがって、社会保障制度充実のための負担を考える際に重要であるのは、お互いの生活での困りごとが「共同の困難」となっていることである。次節では、現状分析を通して、私たちの社会で起きている困りごとが特定の誰かの困りごとにとどまらない現状を考える。

## 第2節　今、私たちの社会で起こっていること―現状分析―

**ポイント**

▽雇用の流動化が進み世帯所得は低下。その結果、生活不安が広がっている。
▽「普通」に生活していても、生活が立ち行かなくなるリスクと表裏一体である。
▽生活の困りごとは複雑に絡み合い、既存の制度では解決が難しいケースも増えている。
▽これまで機能してきた「家族福祉」や「企業福祉」に頼ることも難しくなっている。
▽助けを求めることができる地域や他者との関係が希薄な「孤独・孤立社会」に突入している。

今、私たちの暮らす日本では何が起きているのだろうか。本節では議論を始める前に、その前提を共有しておきたい。というのも、こと社会で起きている事象に対し、私たちは自分たちの経験や過去の常識という色眼鏡をかけて語ってしまいがちである。例えば、私が先輩世代の方々とお話をする機会をいただき、その場でよく耳にする会話がある。「今の子たちはすぐ会社を辞めちゃうからね。責任感が薄くなっているんだよ。」という声や、「生活が苦しいって言うけど、若い時はみんなそうだよ。」といった声が悪気なく聞こえてくる。一方で、同世代と話をしていれば「上の世代は会社では高給だし、退職すれば年金も医療も介護も使いたい放題で悠々自適な生活じゃないか。」という話になる。確かに、これらの言説にはうなずくところもないとはいえないだろう。しかしながら、これらの常識は果たして今の社会を適切に表しているだろうか。事象全体のほんの一部ではないだろうか。これら事実の不十分な理解に伴うディスコミュニケーションを避けるべく、現在の日本の社会状況を整理していきたい。

## ●希望と安心感なき雇用の流動化——第一のセーフティーネットの崩壊

私たちが自立した日常生活を送る上で、基盤となるのが雇用とそれに伴う所得である。第一のセーフティーネットといってもいいかもしれない。そのうち、まずは雇用を見てみると、その足元は大きく揺らいでいる。皆さんもご存じのように、2022年時点で非正規職員・従業員数は2101万人、全就業者の36・9%を占めるvii。非正規雇用労働者は正規雇用労働者に比較し、所得水準が低い。一般正規雇用労働者の所得を時給換算すると、1976円である一方、一般非正規雇用労働者(パートタイムなどの短時間雇用労働者を除く)の平均所得は時給1375円と大きくその差が開いているviii。こうした賃金格差には様々な要因が考えられる。例えば昇給・キャリアアップの人事制度が脆弱であることや、そもそも非正規雇用でのスキルの蓄積が難しいこともその一因だろう。非正規雇用労働者の割合を世代別比較すると、45歳~54歳の世代で30・7%となっておりix、これはアルバイトを含む24歳以下と、セミリタイアを含む55歳以上を除けば、最も多い比率である。いわゆる就職氷河期の世代である。ファーストキャリアから非正規で働くことで、キャリアやスキルの蓄積が難しかったことも考えられる。

非正規雇用には、これら所得の問題やスキルアップの問題に加え、企業からの福利厚生や社会保険などの生活保障が脆弱であるという課題がある。例えば、非正規雇用労働者においても雇用保険の対象であるが、給付水準は在職中の給与水準を基準値とするため、そもそも失業中の生活に十分な水準とは程遠い金額である場合も出てくる。さらに、勤務日数の制限もある。そのため、コロナウイルス流行の際、飲食店などが休業しシフトに入れなくなった非正規雇用労働者が、雇用保険の対象から外れたという例は記憶に新しいx。

厚生年金と健康保険に関しては、2022年10月から被保険者の対象が段階的に拡大された。まず変わるのが対象の企業規模である。これまで従業員数501人以上の企業を対象としていたが、施行後の2023年10月からは従業員101人以上の企業、そして2024年10月からは51人以上の企業と段階的に拡大していく。大企業のみならず、中小企業の多くもその対象となったのである。さらに、加入対象者の条件も変更された。従来は1年以上の継続勤務の見込みがあることが対象の条件となっていた。しかし、今回の改正でこの条件が撤廃され、フルタイムと同様の基準である2か月以上の継続勤務見込みで加入条件を満たすことになった。その結果として、加入者の条件は①週の所定労働時間が20時間以上、②月額賃金が8・8万円以上、③2か月を超える雇用の見込みがある、④学生ではない、という条件をすべて満たすものとなったのである。大きな方向性として、公的保険の対象を拡大することは保険制度の受益をより包括的にしていくためには前進である。一方で、零細企業で勤める従業員やシフト制などの勤務体制を引く従業員の中には、いまだ保険適用の対象外となるケースも多い。就職環境は必ずしも本人が左右することのできない要因であり、いわゆる「運ゲー」の要素が多い。それにもかかわらず、こうした雇用を取り巻く課題を「自己責任」で片づけてよいのだろうか。

また、近年増加しているのがフリーランスであり、2020年には462万人にものぼっている[xi]。彼らの国民健康保険、国民年金等の社会保険には雇用主負担はなく、国民年金の受取額は、厚生年金の受取額とは大きな差額があり、リタイア後の生活保障はより脆弱であるといえる。さらに深刻なのは、フリーランスには雇用保険が原則適用されない点である。フリーランスも長期間にわたって受注がなければ、当然失業状態に陥る。仕事に取り組むことができなくなる事情は、家庭のこと、体調のこと、経済状況など様々に考えられる。また、近年では、大企業がフリーランスに業務委託という形で仕事を発注するケースは珍しいことではない。その中には、実質的に大企業の企業「内」の業務を下請けとしてフリーランスに発注していることもある。したがって、フリーランスが自分の事情だけで仕事の量や納期をコントロールできるとも限らない。また、企業内の労働者には雇用保険が適用されるが、企業外部のフリーランスは社員同様の仕事をしていても保険の対象とはならない。こうした不公平ともいえる制度上の課題がある。

こうした状況について議論すると決まって「多くの人が望んで、その職種を選んでいる。自らのライフスタイルに合わせて選んだ結果だ。」との反論が出る。厚生労働省は「正規の職員従業員の仕事がない」という理由で非正規で働いている労働者を「不本意非正規労働者」として定義している。非正規雇用者全体における該当者の比率は2022年度の調査で10・3%と年々減少傾向にある[xii]。この数値は総務省統計局の労働力調査における2023年度1月~3月速報値でもほぼ変わらない。しかしながら、当調査で注目すべきは、「家計の補助・学費等を得たいから」が18%、「家事・育児・介護等と両立したいから」が11%を占めている点である[xiii]。ディップ株式会社の運営するディップ総合研究所が

2019年に非正規雇用で働く男女9365人に実施した意識調査をみてみよう。すると、「正社員で働けるのであれば働きたい」と回答した非正規雇用者は実に64・1%[xiv]にのぼったのである。こうしたことからも、なんらかの事情で、そもそも正規社員として働くことを検討することすら難しい、というケースが多くを占めているということを推測できるだろう。

改めて強調するが、就業形態が本人の意思によるものか、それとも不本意であるのかという議論は必要であり、善悪が一面的に判断されるべきではない。自らのライフプランにとって適した職業形態の選択肢が確実に増えていることは自由な社会として歓迎すべきことである。しかし、将来のキャリア・収入の見通しや、社会保険等の保障が脆弱といえる状態で就業に従事する労働者が、日本の雇用市場の中で大きな割合を占めるようになったという事実は無視できない。

さらには近年では、AIやビッグデータなどの電子技術分野の発展が著しい。実際に私の前職である銀行では、電子端末機能向上やワトソン（IBM社開発の人工知能）・RPAの導入が進み、労働環境は大きく変化してきた。その一方で、生産性の上昇と賃金の上昇が必ずしも一致していない[xv]。すなわち、新しい技術が既存の労働者の仕事を奪ってしまっている形といってもいい。本来であれば、新しい技術が導入されたとしたら、労働者はそこで生まれた「ゆとり」をうまく利用して、これまでにない付加価値を生み出す必要がある。あるいは、これまで開拓されてこなかった新しい分野に成長のチャンスが生まれるかもしれない。そのためには、こうした新しい産業に労働者が流入していくことが必要となっていくのである。

しかしながら、今日本で起きているのは、キャリアの選択肢が広がるという「希望」も、失業してもなんとかやっていけるという「安心感」もない雇用の流動化なのである。

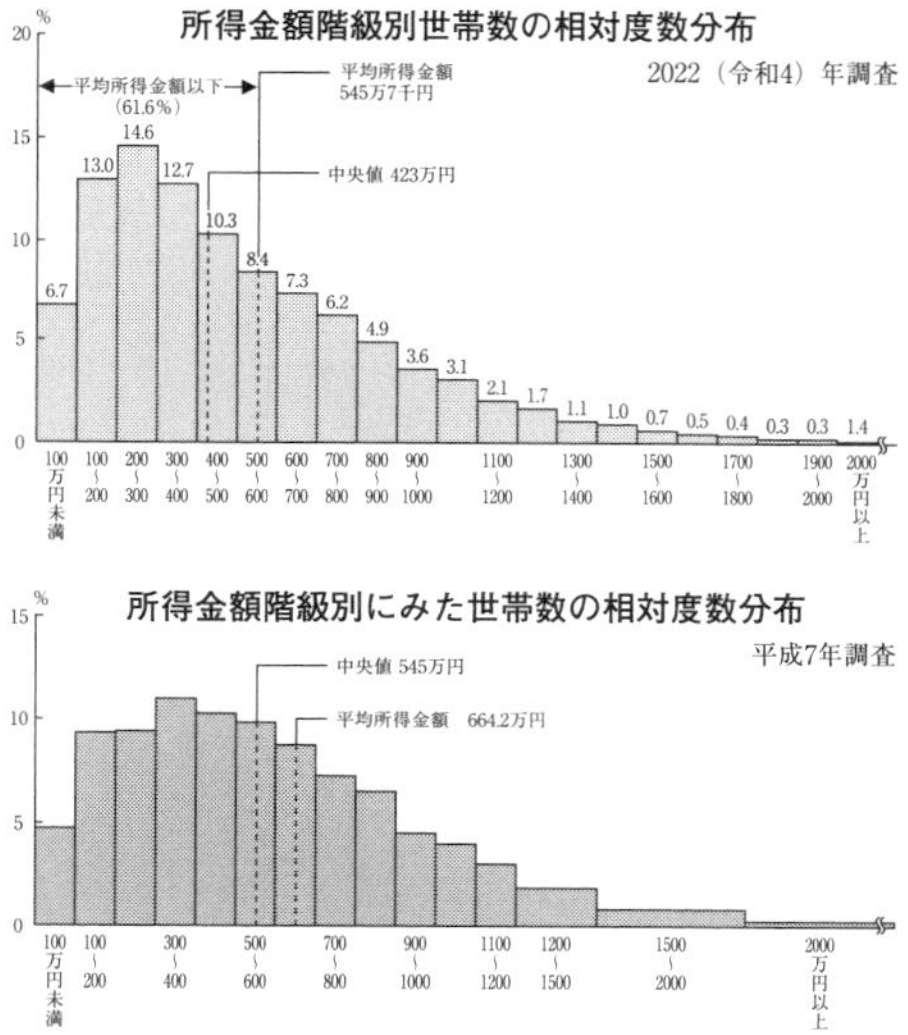


上／図1（a）：厚生労働省『2022（令和4）年国民生活基礎調査の概況』より抜粋
下／図1（b）：厚生労働省『平成7年国民生活基礎調査の概況』より抜粋

## ●世帯所得の低下と世帯構成員の減少

所得に関しても、家計不安は深刻である。

図1（a）は、2022年の世帯別所得の分布図を示したものである。世帯別平均所得は545万7千円である一方、中央値は423万円であり、実に61・6%の世帯が平均所得以下[xvi]となっている。

これを図1（b）の1995年の同調査と比較してみよう。すると当時の平均世帯別所得664万2千円、中央値545

万円となっており、いずれも100万円以上数値が減退している。最も特徴的なのが、中央値の低下からわかる中間下位層の増加であり、中間層が地滑りのように生活困窮層へとスライドしていっているという現実である。ウェブメディアのダイヤモンドオンラインは中間層崩壊の結果生まれた新たな貧困層を「マイルド貧困」と名付け、2018年から2019年にかけて特集連載を実施した。マイルド貧困とは「生活に困窮するほどではなく、好きなことに多少の金を掛けられるものの、将来には希望が持てない[xvii]」状態にある人々を指す。図1（a）を改めてみると、最も大きな割合を占めているのは年収200万円～300万円の世帯であり、まさにマイルド貧困といってよい世帯が社会では多数派を占めているのが現状だといえるのではないか。そもそも、先述のマイルド貧困の定義では、その状態を「生活に困窮するほどではなく」とされていたが、それさえも疑わしい。2022年、フリージャーナリストの小林美希氏の著書「年収443万円――安すぎる国の絶望的な生活[xviii]」が話題となった。平均年収程度の収入があり、世帯年収も1000万円弱である家庭が、経済不安や子育て不安を抱えて生活している。中にはクーラーをかけず、コンビニすらも控えているという家庭が紹介されている。このように「平均年収でもつらい」現状があり、いうまでもなく「平均年収以下で暮らすのはもっとつらい」というのが生活実感なのである。

同時に「世帯所得」の低下からは、世帯人員の減少による家族機能の弱体化も読み取れる。図2は世

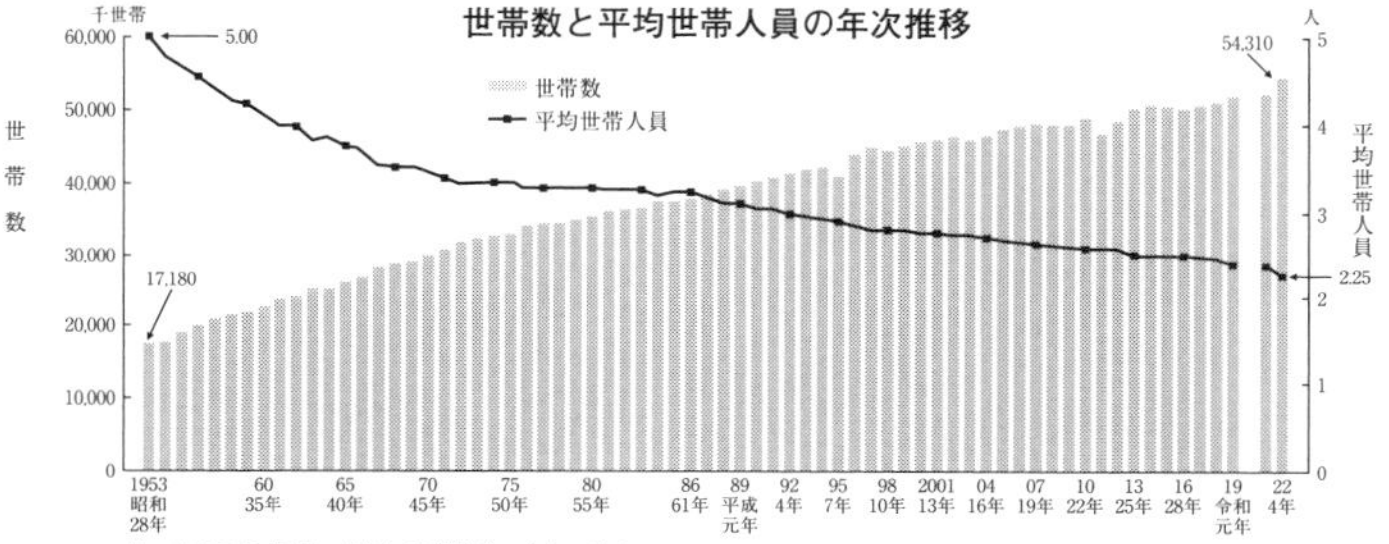


注：1）1995（平成7）年の数値は、兵庫県を除いたものである。
2）2011（平成23）年の数値は、岩手県、宮城県及び福島県を除いたものである。
3）2012（平成24）年の数値は、福島県を除いたものである。
4）2016（平成28）年の数値は、熊本県を除いたものである。
5）2020（令和2）年は、調査を実施していない。

図2：厚生労働省『2022（令和4）年国民生活基礎調査の概況』より抜粋

帯数と平均世帯人員の年次推移を示している。１９９５年に２・91人だった平均世帯人員は２０２２年には２・25人に減少している。中でも、三世代世帯の減少が著しく、１９９５年には12・５％を占めていたが、２０２２年には３・８％まで減少[xix]し、もはや絶滅寸前の状況である。さらに、これに次いで二世代世帯（夫婦と未婚の子のみの世帯）も同時に減少しているのだ。一方で、著しく割合が増加しているのは、単独世帯（１９９５年22・６％から２０２２年32・９％）と夫婦のみの世帯（１９９５年18・４％から２０２２年24・５％）である。以上からも、もはや日本の家族には同居する人員の力だけに頼って、生活を支えてもらうだけの余裕はないことが容易にわかるだろう。

福祉国家研究の第一人者であるG・エスピン＝アンデルセンは、日本「固有の」福祉国家の要素は極論をすると、「強い家族主義であり、これに加えるとすればおそらくは終身雇用関係だけである[xx]」と表現した。すなわち、これまでの日本社会では、会社が

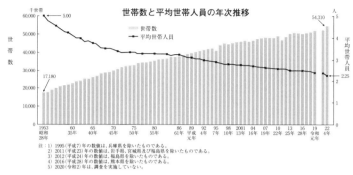

雇用という手段をとって労働者に「企業福祉」を提供してきた。そして、家族は多世代同居の形をとりながら「家族福祉」を提供することで、制度の空白を埋めてきたのである。

日本ではもはや生活の困窮は、「特定の誰か」の問題ではない。「普通に働いて暮らしても」生活が苦しくなっていっている。これらは、働いてさえいれば正社員で、持ち家を持ち、夫一人の稼ぎで生活できるという生活モデルの限界を意味している。既存の社会保障制度は、特定少数の「支えられる」側を大多数の「支える」側が支える制度として構築されてきた。しかし、「支える」側と「支えられる」側は現在の日本においては明確に存在しない。というより、そもそも「支える」側と「支えられる」側が存在することを前提につくられてきた制度の限界といえるかもしれない。さらにそれら制度の空白を埋めてきた、企業と家族もまた弱体化してきている。したがって制度がカバーできる範囲と既存の生活困難との「狭間」が生まれているのである。それでは、こうした制度の「狭間」にある困難とはどのようなものなのだろうか。

## ●複雑化する困窮課題

前述のように、現在の日本では第一のセーフティーネットともいえる雇用もその基盤が大きく揺らいでいる。それと共に、これまで企業や家族が穴埋めをしてきたことで顕在化してこなかった問題の多くが可視化されてきている。それを痛感したのは、３週間ほどにわたる岐阜県関市役所での現場研修の際だった。私は重度の障がい者や、一人親家庭の福祉医療費の受給者証の更新手続きをお手伝いさせていただいた。手続きを通して見えてきたのは、生活に困難を抱える方の多くが、複合的な事情を抱えているという現実である。障がいを持ちながらシングルマザーとして子育てをしていたり、あるいは、夫も家計が苦しい中で妻のケアをしているなど、実際の生活苦が何層にも折り重なっている現実と出会ったのである。

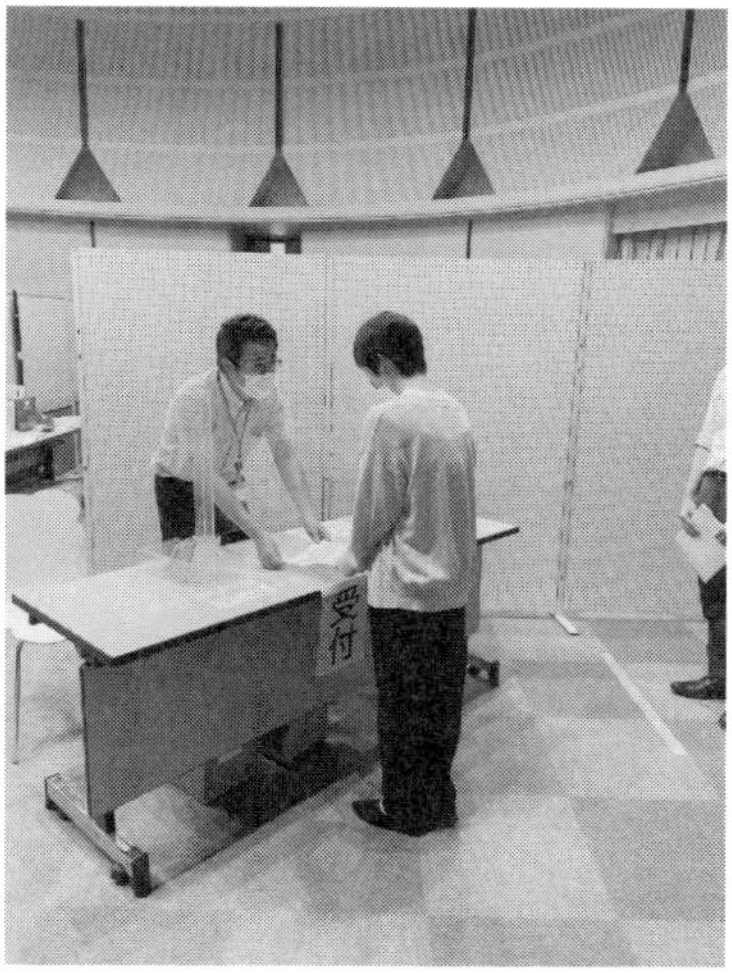

写真１：左が業務中の筆者　場所：関市役所、撮影：役所担当、撮影承諾済

こうした複雑な困窮課題の代表例ともいえるのが、８０５０問題である。８０５０問題とは、親が80代、子が50代を迎えたまま孤立し、生きることに行き詰るなどして、これまで見えづらかった課題に直面するようになってしまうことを指す。ＮＰＯ法人ＫＨＪ全国ひきこもり家族会連合会がまとめた報告書によると、その背景には「家族や本人の病気、親の介護、離職（リストラ）、経済的困窮、人間関係の孤立など、複合的課題を抱え、地域社会とのつながりが絶たれた社会的孤立

の姿[xxi]」がある。こうした課題は、単に金銭的支援をしたり、親を高齢者施設に入居させるといった紋切り型で単発の処置では解決することができない。それぞれのケースに合わせ、絡み合った糸を少しずつほぐしていくかのような伴走型の支援が求められている。中には、そもそも糸が最後までほぐれない可能性すらある。課題が解決に至らなかったとしても、潜在的なリスクを抱えたケースを見守り続けることそのものが、いざ困った時に「助けて」と言える関係づくりにつながっていく。

地域福祉活動で出会ったあるソーシャルワーカーが私に「８０５０問題を、40年さかのぼってみてください。実は４０１０問題だったはずなんです。」と教えてくれた。子どものひきこもりも、最初は短期間の登校拒否だったかもしれない。さらにさかのぼれば、コミュニケーションが上手にいかずに学校が楽しくなかったのかもしれない。両親も、子育ての悩みを話せる相手がいただろうか。生活困窮に陥る「手前」には様々な事情がある。そうした「予防」の観点を持ちつつ身近な生活の困りごとに向き合っていくことが求められているのである。

日本の社会保障制度の狭間に埋もれている問題とは、こうした問題に他ならない。これらの問題は、①複雑性（要因が複数に絡み合い処置が特定できない課題）、②継続性（短期間で解決することができず、継続的な見守りが必要な課題）③潜在性（健康や介護といった目に見えやすい課題が表に出る「以前」の段階であり、家庭外から認識しづらい課題）といった特徴がある。日本の社会保障制度の基本は申請主義の事後給付である。問題が起きてから、本人の申請に従って問題を特定し、現金給付や医療や介護などの行政サービスを現物給付の形で行う。こうした処置的対応は、複雑な困窮課題とは相性が悪い。

以上のように、自立した生活を送る基盤である雇用は揺らぎ、生活困窮の課題はより複雑化している。一方で、制度はなかなかこうした現状に追いついていない。そんな時、私たちは「お互いさま」の精神で困難を乗り越えてきた。かつては、緊急の用事で子どもの面倒を誰かに見てほしい時には、近所のおばさんが「私が見ておくよ」と声をかけてくれたかもしれない。あるいは、私たちの家族がそうであったように、認知症で徘徊が始まった高齢者を地域の人が見守ってくれていた。果たして現在の日本で、身近に困った時に頼れる人はいるだろうか。

## ●他者を信用できない孤独・孤立社会

2021年、政府は英国に次いで世界2例目となる孤独・孤立対策担当大臣を任命し、内閣官房には孤独・孤立対策担当室を設置した。このように、孤独・孤立は社会全体の課題として捉えられるようになっている。

まずは言葉の定義を整理したい。孤独と孤立は概念上異なる定義が用いられる。内閣官房の孤独・孤立対策の重点計画から引用すると、孤独は「主観的概念であり、ひとりぼっちと感じる精神的な状態を指し、寂しいことという感情を含めて用いられる」としている。他方、孤立に関しては「客観的概念であり、社会とのつながりや助けのない又は少ない状態」と定義している[xxii]。こうした一般的定義に加え、社会的孤立は、「家族やコミュニティとほとんど接触がないということ[xxiii]」と定義される。ちょっとした困りごとを相談できる相手や、サポーティブな関係性がない状態を示すと考えてよい。

現在の日本において、世帯人員の推移でも、単独世帯と夫婦のみの世帯の割合が著しく増加してきていることはすでに述べたとおりである。世帯人員が少ない今、日常的なつながりに関しては、地域などのコミュニティにかかる比重が大きくなっている。こうした現状とは裏腹に、地域の社会的孤立は深刻化している。特に顕著なのは、高齢者である。日本の高齢者の75・6％が一戸建ての持ち家に住んでいる[xxiv]。例えば、私が住む横浜市を例にとって考えてみよう。横浜市は東京のベッドタウンとしても機能してきた。現在の高齢者が働き盛り世代だった当時、夢のマイホームとして建てた一戸建て住宅が立ちならぶ。そこから四半世紀以上がたち、子どもは独立し、配偶者に先立たれてしまった高齢者が一人で広い一戸建てに住むケースが珍しくない。一戸建て住まいの場合、コミュニティとの接点を意識的に持つことがなければ、他者との関係性を育むことは難しい。

こうした状況に加えて、地域の集まりやボランティア、趣味のサークルに1年間で一度も参加する機会がなかった高齢者は43・2%[xxv]にのぼる。もちろん、健康上の理由などには配慮が必要ではあるが、コミュニティとのつながりが十分であるというには心もとない。こうした社会的孤立の先には、近年頻繁に報道されている高齢者の孤独死の問題が見え隠れする。また、子育て世代では、シングルマザーやワンオペ育児などで誰からのサポートもなく、社会から孤立してしまう現状を「孤育て」と呼ぶようになっている。このように社会的孤立は高齢者だけに限った問題ではない。職場やSNSといった関係があったとしても、身近なことを相談できる関係性を構築できるかは別問題だ。

さらに、世界価値観調査(WVS)の研究をみてみよう。「ほとんどの人は信頼できる」という設問に対して同意した割合を調査した。福祉国家スウェーデンでは、63・8%(2014年)と高い数字を示している。一方、日本は34・1%(2022年)しか同様の設問に同意しなかったのである。この数字は先進国の中で最低水準に位置している。個人主義が強いイメージのアメリカでも、39・7%(2022年)[xxvi]と日本を上回っているのである。この結果をうけて、これまで一般に唱えられてきた日本社会像とのギャップを感じた方も多いのではないか。中には「設問の仕方が悪いのではないか」といった批判や、「日本人は奥ゆかしいのでアンケートでは本音は出てこない」といった意見もあるが、類似の調査でも同様の傾向がみられている[xxvii]。日本人は今、他者を信頼することができない社会となっているのである。

私たちの社会は目に見えない関係性によって支えられている側面がある。従来の資本とは異なった意味で、こうした社会的関係を社会を支える資本とみなす言葉が、ソーシャル・キャピタルである。アメリカの政治学者、ロバート・パットナムの定義では、ソーシャル・キャピタルとは、人々の協調行動を活発にすることによって、社会の効率性を高めることのできる、「信頼」「互酬性の規範」「ネットワーク」といった社会組織の特徴を指している[xxviii]。制度を効率的に機能させるだけでなく、制度の空白を埋めることを期待されてきたソーシャル・キャピタルも日本では希薄になっている。

以上のように、私たちの社会は「普通」に生活していても、突如生活が立ち行かなくなるリスクと表裏一体である。さらには、生活課題は複雑に絡み合い、既存の制度では解決が難しいケースも増えている。そんな時に助けを求める関係性すらも希薄な「孤独・孤立社会」に突入している。まさに今、私たちは袋小路に陥っているのである。

## 第3節　改革の方向性—ユニバーサルな社会保障制度—

**ポイント**

▽現状は「支える」側と「支えられる」側が存在するかのように、制度上で分断されている。

▽「誰も」が権利として「生」を保障されるユニバーサルな制度を構築する必要がある。

▽現在の地域共生社会ビジョンには、様々な制度面の課題がある。さらに、制度面だけでなく文化面も含めて国・自治体・市民が共に「支え合い」の「エコシステム」を創っていく必要がある。

### ●ユニバーサルな社会保障制度の見取り図

本章では紙面の多くを割いて、なぜ今日本で「支え合い」の仕組みが必要かを論じてきた。私はこうした現状を踏まえ、「共同の困難」として「生活の困りごと」に立ち向かう制度が必要だと考える。現状の制度では、あたかも「支える」側と「支えられる」側が存在するかのように分断され、それぞれが

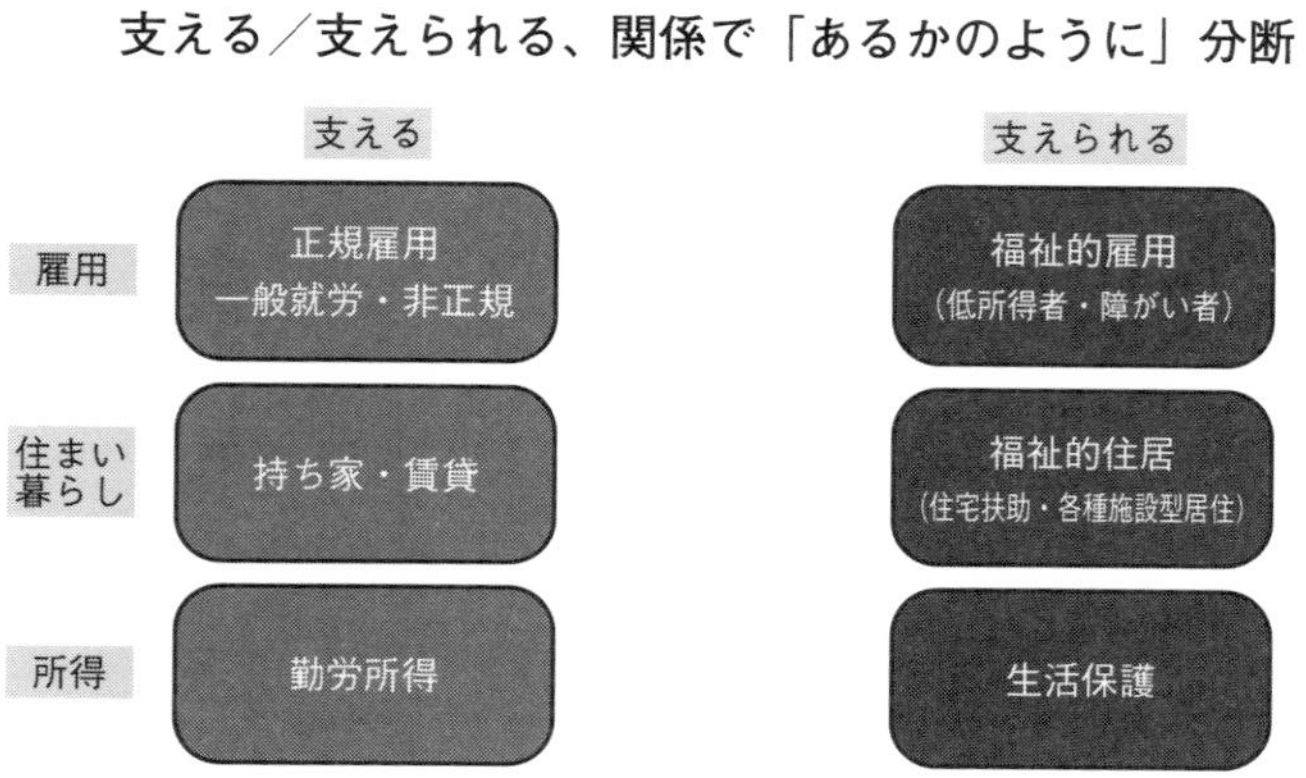


図3（a）：筆者作成

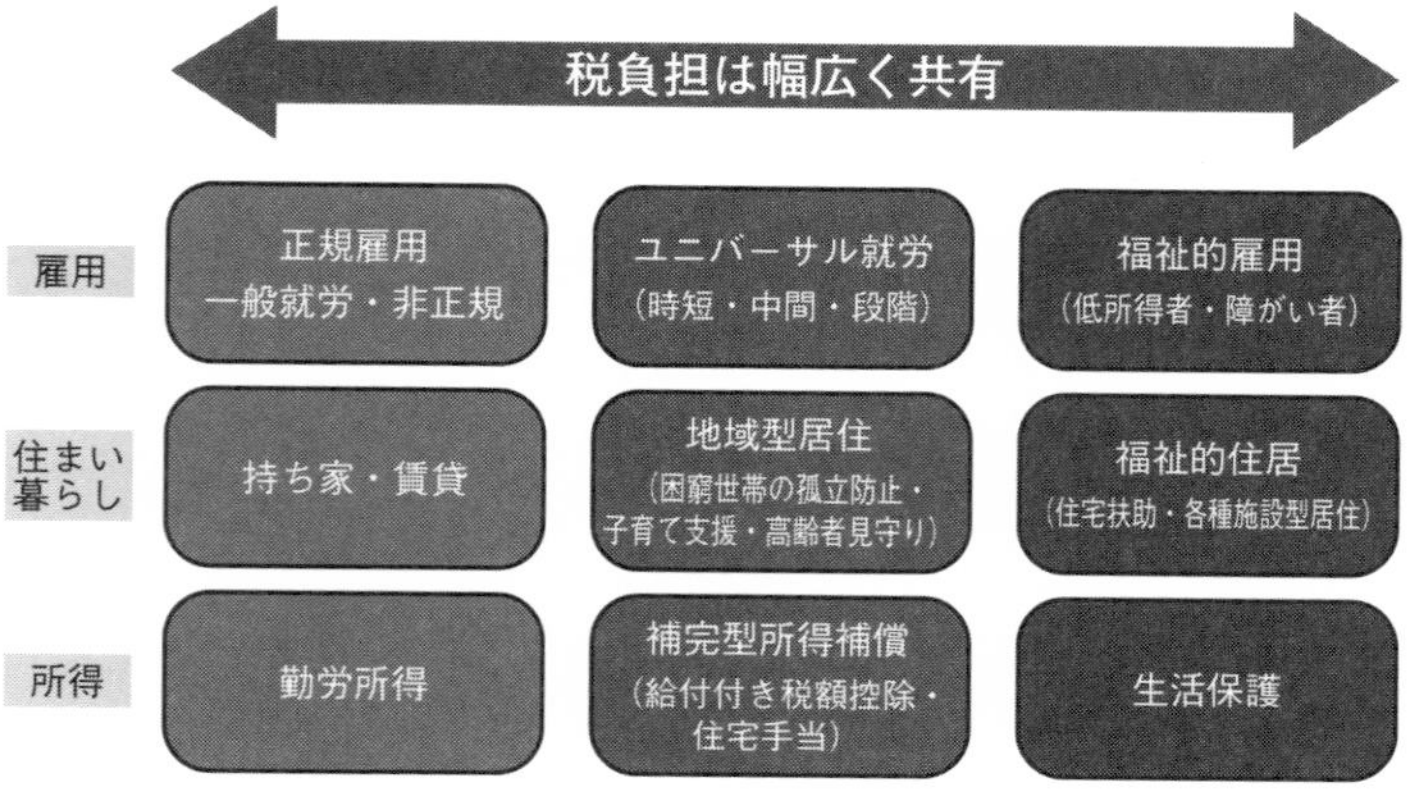


図3（b）：全員参加で「支え合う」ユニバーサルな社会保障制度のイメージ図
（宮本太郎『共生保障〈支え合い〉の戦略』p93を参考に筆者が改変）

「福祉対象者」か「一般モデルケース」かに対応している（図3（a））。しかし、人間とは多様な個人が、相互の社会的関係性の中で互いに「生」かし合う存在である。したがって、一般モデルケースに集約される人生も存在しない。それと同様に「誰か」を一方的に福祉の対象としてみなすことも問題の解決を妨げている。つまりは、「誰も」が権利として「生」を保障されるユニバーサルな制度が求められていると考える。図3（b）は、政治学者の宮本太郎の議論を参考に、私が図示したものである。ユニバーサルな社会保障制度では、分断した二元構造にブリッジを架けていく。この中間の保障を宮本太郎は、「共生の場[xxix]」と表現する。この共生の場において、これまで制度の狭間となっていた様々な困りごとにアプローチができるようになる。私は図3（b）のように切れ目なく、誰もが当たり前の権利として日常的にアクセスできる制度を構築する必要があると考えている。

そして、もう一つ重要なのは、こうしたユニバーサルな社会保障制度を支える財源である。私は日本が今後も民主的な租税国家であるならば、「共同の困難」に対処するための財源もまた、国民が幅広く負担し合うことが必要だと考える。税は国民一人ひとりが社会課題を「わがごと」として捉え、自分たちが生きる社会の姿を選択するための一種の表現方法でもあるのである。こうした財源の議論は後ほど具体的に進めていく。

## ●地域共生社会の課題——社会保障のエコシステムを構築できるか

現状を踏まえ、厚生労働省は「地域共生社会」の実現を目指している。地域共生社会は「制度・分野ごとの『縦割り』や「支え手」「受け手」という関係を超えて、地域住民や地域の多様な主体が『我が事』として参画し、人と人、人と資源が世代や分野を超えて『丸ごと』つながることで、住民一人ひとりの暮らしと生きがい、地域をともに創っていく社会[xxx]」とされており、本書におけるビジョンと方向性を共有している。こうしたビジョンに基づき、各自治体には地域包括支援センターが設置されている。地域包括支援センターは介護・医療・保険・福祉の専門家が、主に地域の高齢者の困りごとに対応する福祉拠点である。現在、こうした地域の福祉拠点は高齢者に限らず、様々な困窮課題の総合窓口としていくハブ拠点としての機能を果たすことも期待されている。しかし、私は現在の地域共生社会のありたには、いくつかの課題があると考えている。現段階で大まかに指摘するとすれば、①国が構造的課題に制度的なアプローチをしていない、②自治体の業務が旧来の「縦割り」と「課題の特定化」ロジックに捉われている、③地域とボランティアへの丸投げが生じ、現場がヒト・モノ・カネ不足に陥っている、④市民の間の「共創文化」の形成が必要不可欠である、といった点である。

制度の整備だけでは十分ではない。国・自治体・地域・市民といったあらゆるアクターが「支え合い」の「エコシステム」を構築する必要がある。

この「エコシステム」という言葉に出会ったのは、イスラエルとスウェーデンという対照的な二国であった。私は松下政経塾の塾生として、イスラエル政府の招致による1週間のYoung Leaders Programに参加した。プログラムではイスラエル国内の政治・歴史・文化・産業関連施設を訪問した。特に産業プラットフォームやスタートアップ企業を訪れた際に、イスラエルがイノベーション大国として繁栄している素地を感じた出来事がある。それは、官・民・学すべてのアクターが自分たちはイノベーションのための「エコシステム」の一部分だと口にしていたのである。エコシステムという言葉は、もともとは食物連鎖を連想する生態系の意味を持っていた。しかし、近年ビジネスの世界では、多様なアクターが連携し、相互作用によって全体としてのメリットを生み出す体系のことを示すようになってきている。各組織や制度が、それぞれ無機物的かつ固定的に存在するのではなく、有機的に時に流動的に相互作用を起こしていく体系が重要だ。そして、この「エコシステム」という言葉を驚くべきことに福祉国家スウェーデンでも耳にすることとなる。政府・事業者・学校・市民が民主的な社会を運営するメンバーであり、福祉を創り出す「エコシステム」の担い手なのである。これらの視点は「制度はあるのになぜうまくいかないのか」という問いへのヒントになるだろう。したがって、本書ではこの対照的な二国で出会った共通のキーワードである「エコシステム」の構築という観点で社会保障システムのビジョンを検討していきたい。

詳しくは、次章以降現場の事例を記述しながら議論を進めていく。特に、制度と共にエコシステムを担う、コミュニティのありかたや文化の醸成に関してはスウェーデンを手がかりとしながら、第4章、第5章で記述する。

# 第2章

## 「誰が一番困っているか?」を考え続ける限界

### ―福祉現場の可能性と課題―

前章では、現状の分析を軸に、「支え合い」の仕組みが必要な理由を検討し、ユニバーサルな社会保障制度のイメージ図を提示した。本章では、いくつかの現場を参考にしつつ制度の狭間に挑む福祉現場を描く。その中には新たな可能性と課題が同居している。

## ケース① 【断らない福祉を実現できるか】――予防・伴走型の生活困窮者自立支援と福祉総合窓口の構築

**ポイント**

▽生活困窮者自立支援制度は、複雑な生活課題を結び付けて経済困窮の予防を図るもので、第二のセーフティーネットとして期待されているが、事業評価の仕組みや運営体制には課題もある。

▽全国で生活課題を「まるごと相談できる」福祉総合相談窓口を開設する自治体が増えている一方、「縦割り」の発想から抜け出せていない自治体も少なくない。

▽大阪府豊中市では地域の多様なアクターをつなぐ、コミュニティソーシャルワーカーが「地域を耕す」活動を地道に行うことで、地域福祉を機能させる基盤となっている。

## ●生活困窮者自立支援の拡大

生活困窮者自立支援制度をご存じだろうか。2015年に制度の運用が始まり、今年で8年目を迎える制度だ。一昨年は新型コロナの影響で、家賃の支払いが困難になった方への支援にも制度の一部が活用され、話題になった。生活困窮者自立支援制度は、従来、生活保護に集中していた困窮者支援を、若者世代の生活不安、障がい者の就労、子どもの貧困など個別の問題と結び付けつつ、経済的困窮に陥る手前で対処する第二のセーフティーネットと呼ばれる制度である。

制度の概要は必須事業として、①自立相談支援：支援員による相談、②住居確保給付金の支給：働くための住まいを確保、がある。次に各自治体の任意事業として、③就労準備支援：就労に向けた段階的支援、④一時生活支援：一時的に衣食住を提供、⑤家計相談支援：家計の立て直しをアドバイス、⑥子どもの学習支援：居場所づくりや家庭訪問など、が行われている。基本的には寄り添い型の相談支援の形をとっているのが特徴だ。利用者は自立相談支援員による相談の結果、それぞれ支援プランを作成して必要に応じた更なる支援を受ける、という流れだ。さらに、2022年12月に厚生労働省は制度の見直しの方向性として、自立相談支援会議の努力義務化、就労準備支援、家計改善支援事業の必須化、緊急的な居住先の確保などコロナ禍の反省を踏まえた制度改正を検討している[xxxi]。

さかのぼれば、2010年に生活困窮者自立支援事業のモデルの一つとなった埼玉県のアスポート事業が始まった。当事業は、生活保護受給者の自立に向けた支援として起案された。ケースワーカーへのヒアリングの結果、就労支援、住宅支援、学習支援が自立支援には必要となり、事業の骨格となっていった[xxxii]。当事業がこれまでの生活保護を中心とした福祉事業と異なるのは、その発想である。「予防」的観点から相談者の生活実態に寄り添う「伴走型」の支援を目指しているのである。こうした事業が長年の試行錯誤の上、国の政策となり全国の自治体に徐々に定着しようとしている。

私はコロナ禍の2021年、ある自治体の家計改善事業を受託している事業者を訪れた。事業の担当者にその実際をうかがうと「相談の内容のほとんどは債務整理や領収書の整理です。」と言う。領収書一枚一枚を手に取り、家計簿のつけかたの基本などを丁寧にマンツーマンで指導する。私は、その作業の地道さに面を食らってしまった。生活困窮リスクがある方の中には、金銭管理が不得意だったり、知識に乏しい方も多い。就労支援など他事業と連携しながら、自立した生活が送れるように、支援プランに基づいた対応を行う。その一方で担当者は「家計相談支援をしたからといって、一般就労や普通の生活に戻れるというケースは多くありません。」と話す。長年の生活習慣ができあがった原因は一つではない。家計相談支援でアプローチできるのはその一部だ。また、安定した就労先が見つかるかなど他の要因も大きいという。それでも、当事業には大きな意義があると担当者は言う。「生活に困っている人が一番深刻に考えるのはやっぱりお金のことです。そんな時に身近に相談者がいることは大きいのではないでしょうか。」と話してくれた。

ちなみに、この自治体は相談の入り口にあたる自立相談支援事業は市役所の直営方式で対応し、家計相談支援は委託先のNPO法人と連携をする体制をとっていた。全国を見ると、7割以上の自治体が委託で自立相談支援事業を実施している[xxxiii]。任意実施の事業になればその率はさらに高まる。もちろん、委託そのものが悪いわけではない。地域によっては社会福祉協議会が一貫して福祉サービスを提供してきた歴史もあり、各地域の事情がある。また、委託先の職員の専門性を考えれば、委託先に任せた方がよりよい支援につながるケースもあるだろう。一方で、事業そのものが委託先への丸投げとなってしまったら問題である。行政の側からすれば相談者の顔が見えづらくなり、事業の実態を把握することが難しくなる。また事業改善に向けたアイデアが出にくくなるなど、自治体内での事業理解が深まらないという側面もある。いずれにせよ自治体主導で密な連携体制をとっていくことが求められる。

当事業をめぐるもう一つの課題は事業評価のありかたにある。経済学者の田中聡一郎は生活困窮者自立支援事業の成果指数として、就労数だけを取り上げるのは一面的になるとしている[xxxiv]。当事業が社会的孤立への対応や地域の各機関への連携といったより包括的な対応を求められているのであれば、プロセス評価をいかに取り入れるかが重要だと指摘している。具体的には、相談経路の検証、相談受付時の対応の検証、スクリーニングの検証（自前の組織で対応するか他の関連機関につなぐかなどの判断）、支援の決定や継続の判断の検証、プラン評価の結果検証、設置自治体の地域資源の差への配慮（地方によってはつなぎ先がないなど）をあげている。

一方、利用者から考えると、かしこまって「困ったら相談してください。」と言われても、なかなか気は進まない。住民の困りごとを早期に把握するためにも行政との身近な接点を増やすことが重要だ。こうした相談への流入経路の確保は各自治体の工夫によって実践されている。

例えば横浜市では、地域の福祉施設である「地域ケアプラザ」（地域包括支援センターの機能を持つ）を軸として身近な地域の関係機関と連携していく「気づきのネットワーク」づくりに取り組んでいる。また、家計相談支援に力を入れることで、シナジー効果を期待しているという。こうした現状を抱える中で、市民との接点を増やそうと奮闘する行政の姿がある。

### ●自治体の奮闘と福祉総合窓口のジレンマ

私が東京都武蔵野市を訪れたのは、2021年の7月のことだった。武蔵野市には市民自治の文化が根付いている。統一的な地縁コミュニティである自治会がない一方で、コミュニティ協議会をはじめとした自主的なコミュニティの網の目によって、自治が実施されている。こうした文化的素地に加え、住民には富裕層も多く、市の財政状況は比較的恵まれている。そんな自治都市武蔵野市にも高齢化の課題が横たわっている。高齢者の社会的孤立や8050問題に加え、コミュニティの担い手であったボランティアも徐々に少なくなってきているのである。そうした中で行政も主体的に市民の困りごとに寄り添い、複雑な課題に伴走していくニーズが高まっている。そこで、武蔵野市は「まるごと相談できる」福祉を目指して福祉総合相談窓口を開設した。

こうした動きの背景には、2021年から国が開始した重層的支援体制整備事業がある。当事業は、市町村全体の支援機関・地域の関係者が生活の困りごとを断らず受け止め、つながり続ける支援体制を構築することをコンセプトとし、「属性を問わない相談支援」、「参加支援」、「地域づくりに向けた支援」の三つの支援を一体的に実施することを必須としている[xxxv]。これら三つの主要事業に加え、それらを支える、「アウトリーチ」、「多機関協働」、「プラン作成」を事業化した。ポイントは図4にあるとおり、対象ごとに分かれていた既存事業を包括する存在として、相談支援や地域づくりをデザインしているところにある。

先述の自立相談支援も生活困窮という一つの枠組みの中で事業を実施していた。当事業では各自治体がこうした対象者ごとの枠組みを乗り越えて、現在の体制の中で対応できる部分を軸としつつも、複合的な相談を受け止める体制を構築することが求められている。例えば、生活困窮者の自立支援相談体制にノウハウがある自治体は、その体制をベースとして、障がい、介護、子どもといった分野の相談を受

| | | 機能 | 既存制度の対象事業等 |
|---|---|---|---|
| 第1号 | イ | 相談支援 | 【介護】地域包括支援センターの運営 |
| | ロ | | 【障害】障害者相談支援事業 |
| | ハ | | 【子ども】利用者支援事業 |
| | ニ | | 【困窮】自立相談支援事業 |
| 第2号 | | 参加支援<br>社会とのつながりを回復するため、既存の取組では対応できない狭間のニーズについて、就労支援や見守り等居住支援などを提供 | 新 |
| 第3号 | イ | 地域づくりに向けた支援 | 【介護】一般介護予防事業のうち厚生労働大臣が定めるもの（地域介護予防活動支援事業） |
| | ロ | | 【介護】生活支援体制整備事業 |
| | ハ | | 【障害】地域活動支援センター事業 |
| | ニ | | 【子ども】地域子育て支援拠点事業 |
| | | | 【困窮】生活困窮者支援等のための地域づくり事業 |
| 第4号 | | アウトリーチ等を通じた継続的支援<br>訪問等により継続的に繋がり続ける機能 | 新 |
| 第5号 | | 多機関協働<br>世帯を取り巻く支援関係者全体を調整する機能 | 新 |
| 第6号 | | 支援プランの作成（※） | 新 |

（※）支援プランの作成は、多機関協働と一体的に実施。

図4：厚生労働省　社会・援護局地域共生社会推進室「重層的支援体制整備事業の実施について（実務等）」より抜粋

け止める体制を検討していく。あるいは、地域包括支援センターを中心とした高齢者の生活支援相談が根付いている地域であれば、各地区ブロックにある施設を活かしながら仕組みを整えてもいい。

武蔵野市ではこうした背景のもと、市民の困りごとを「まるごと相談できる」福祉の総合相談窓口の体制を市役所本庁に構築すべく奮闘していたのである。当時の松下玲子武蔵野市長に話をうかがうと「市民生活の向上に寄与する取り組みとして力を入れて取り組んでいる。」とのことであった。各課の担当者は従来業務を抱えながらのチャレンジだ。そんな中でも、協議を重ね試行錯誤をしながら体制構築に努めている様子だった。

ケースワーカーから話を聞く中で最も難しいと感じたのが、「相談を受け止めたあと」の対応である。福祉総合相談窓口に訪れる方の多くは、困りごとの要因が一つに特定できなかったり、緊急度が現段階では低いケースである。そうすると、相談を受けても、障がい福祉につなぐのか、あるいは高齢者福祉につなぐのか、児童福祉につなぐのか、現段階では判断ができない。先述の８０５０問題はまさにその典型例である。

その結果として、相談件数は増えるものの、継続案件が積み上がっていくという状況が続いていく。これらに対処するには、一つひとつのケースを丁寧に検討し、「うちの部署でできることはないか」と考える姿勢が大事になってくるだろう。部署間のケース会議を定期的に実施するなどの取り組みによって、情報共有を進めていくことが一層重要になってくる。ある種のチームビルディングが問われているといってもよい。また、そもそも事業の趣旨を考えると、適切な支援によって課題を解決することだけを目標としているわけではない。相談者の日常に寄り添い、ステップ・バイ・ステップで伴走していくことそのものに事業の価値があるといえる。とはいえ、今後も継続案件が増加することを考えれば、行政実務においては難しいかじ取りを迫られている。

一方、自治体の中には、なかなか既存の部署の「縦割り」の発想から抜け出せないケースもある。ある地方自治体の福祉部局を訪れた際のことである。担当者が今後の方向性として、重層的支援体制整備事業を軸に総合窓口の必要性を私に説明してくださった。それに関して上司である担当部長は、「うちではもう地域包括支援センターがあるじゃないか。高齢者福祉に任せよう。」と発言された。果たして本当にそれでいいのだろうか。正直、地域包括支援センターでは、既存の高齢者の相談に対応するだけで手いっぱいであろう。もちろん、議論を重ねた結果、地域包括支援センターを軸として相談体制を築くことは選択肢の一つだろう。しかし、実際の体制構築には、専門員などの人員配置や情報共有の体制などを部署横断的に十分に検討する必要がある。既存の縦割り意識のまま事業が進めば、部署内の連携意識も高まることなく、包括的な支援体制を構築することは難しい。さらにその先には、業務負担が増えた現場がパンクすることは目に見えている。多様な課題に向き合うために、部署を横断した取り組みを実施して初めて、市民にも行政にとっても意義のある福祉サービスを提供できるのではないだろうか。

## ●コミュニティソーシャルワーカーと地域のネットワークづくり――豊中市

大阪府豊中市は長年にわたり「断らない福祉」の実現に向け取り組んできた先進地域である。2023年3月、日本で第1号のコミュニティソーシャルワーカー（CSW）で大阪府豊中市社会福祉協議会事務局長を務める、勝部麗子氏にお会いする機会を頂戴した。そもそも、コミュニティソーシャルワークとは、「イギリスにおいて提案されたコミュニティに焦点をあてた社会福祉活動・業務の進め方で、地域において、支援を必要とする人々の生活圏や人間関係等環境面を重視した援助を行うとともに、地域を基盤とする支援活動を発見して支援を必要とする人に結びつけたり、新たなサービスを開発したり、公的制度との関係を調整したりすることをめざす[xxxvi]」活動のことを指す。地域全体で困っている人を生み出さない仕組みをつくり出すキーマンといえよう。現在では先進自治体として名高い豊中市だが、当初は地域のボランティアも0人からのスタートだったという。勝部氏がはじめに関わった仕事がボランティアセンターの立ち上げだった。そこから地道に地域とつながり、顔の見える関係となっていった。するとちょっとした困りごとを素早くキャッチできる関係性が生まれる。それと同時に、地域にネットワークを持つことで、いざ支援が必要な際には「ひょっとしたら、あそこに頼めば力になってくれるかもしれない」という選択肢が生まれるという。こうした活動を勝部氏は「地域を耕す」と表現する。豊中市では、こうした長年の取り組みが基盤にあってこそ「断らない福祉」が制度として機能している。CSWの重要な役割は、各アクターの調整にもある。行政と社会福祉協議会、地域と社会福祉協議会など、多様なアクターの間をつなぐハブ的な役割を果たす。結果として、地域、市民、さらには市政全体がセーフティーネットとなっていくのである。

勝部氏は「必要なのはスーパーマンではないんです。ほんの少しみんなが自分のテリトリーを広げることができるかが大切です。」と話す。自分の仕事からちょっとはみ出してみる、手を伸ばしてみる。そうした意識の改革が制度改革の第一歩なのかもしれない。

## ケース②【誰もが活き活きと働くことはできるか】——障がい者就労とユニバーサル就労の可能性

**ポイント**

▽障がい者の福祉的就労の形態には、就労継続支援A型事業（A型就労）、就労継続支援B型事業（B型就労）があり、デザインや制度の工夫によって、利用者（障がい者）の個性や意欲を引き出そうとしている職場がある。

▽働きづらい理由を持つ人も含めたユニバーサル就労の取り組みが広がっており、静岡県富士市では、全国初の条例化をはじめ市全体での取り組みが注目されている。

▽就労訓練事業は、支援対象を特定し事業の詳細を指定することで支援が届きにくくなっている側面があり、これは福祉行政全般に共通する課題である。

### ●誰もが主体的に働くための工夫

2021年5月、私は各地の就労移行支援事業所と一般企業の障がい者就労事業所にて実習やボランティアを行っていた。現場では、利用者と一緒に作業をしたり、研修のお手伝いをさせていただいた。

現場で、利用者との会話で注意した点は、先回りせず利用者一人ひとりのペースに沿って話をうかがうことである。作業などにあたる際にも、それぞれの行動のペースがある。そうした個性をありのまま受け止め、せかすことなくサポートをすることで、利用者の方は集中して作業に取り組むことができる。利用者の一人に話を聞くと「作業は楽しい。私の仕事なのでちゃんと取り組みたい。」と語っていた。その笑顔はまぶしく、日々の充実感を感じるものであった。このように、様々な福祉サービスを受けながら就労することを福祉的就労と呼ぶ。福祉的就労の形態には、就労継続支援A型事業(A型就労)、就労継続支援B型事業(B型就労)がある。A型就労は、一般就労が難しい方が対象で、雇用契約があり、毎月定められた賃金が支払われる。一方、B型就労は一般就労・A型就労での就労が難しい方が対象で、雇用契約はなく、行った作業に対する工賃だけが支払われる。また、障がいを持つ方で一般就労を目指す方の訓練やサポートをする通所型のサービスが就労移行支援事業所である。

これらの福祉的就労(障がい者雇用等)と一般就労に従事している方々にとって共通する就労の重要な意義とは何か。それは、社会に参画することでのやりがい、職場でのつながり、そして就労の対価として報酬を得ることでの自尊心の確立にある。自分が主体的に選択し、活動に従事することは何事にも代えがたい価値があるだろう。確かに、利用者の中には、集中力が途切れやすかったり、段取りがわからなくなってしまったり、得意なことと苦手なことがはっきりしている方もいる。しかし、様々な工夫

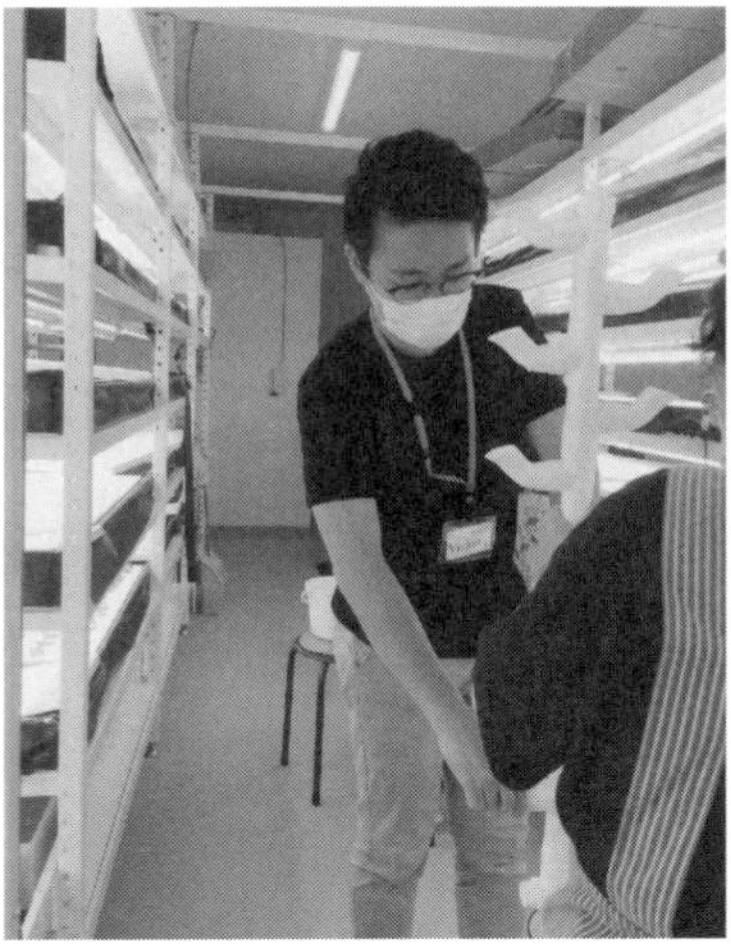
写真2：一般就労を行う障がい者の方と実習先で作業にあたる筆者　撮影：作業所スタッフ

や仕掛けによって、利用者の個性を引き出し就労定着に活かしている職場がある。

茨城県水戸市の社会福祉法人ユーアイ村は、高齢者支援・介護、障がい福祉、保育・子育ての三つの分野で事業を展開している。目指すは、地域の「まるごと」包括ケアシステムだ。そんなユーアイ村が運営するB型就労事業所がユーアイキッチンである。事業としては、厨房で調理されたおかずをお弁当に詰め、配達販売を行っている。私が訪問した際は、ちょうど市役所へお弁当を届ける職員の方が出発準備をしている途中だった。お弁当づくりの作業は利用者が一貫して行っている。こうした就労をサポートするためにユーアイキッチンで開発されたのが、「タスカルカード」である。「タスカルカード」とは、「タスクがワカッ」て、誰もが「タスカル（助かる）」カードのことである。

タスカルカードの役割はいくつかある。まず1点目は、仕事を分節化して、1タスク1カードに可視化することだ。仕事のフローを点検して、分解する作業を業務分解と呼ぶ。業務を切り出してシンプルにすることで、利用者は自分がやるべきことを理解しやすくなる。カードの表示も利用者の理解度に合わせてつくられている。また、職場のスタッフも作業をお願いしやすくなるというメリットがある。2点目は、1日の全体の業務内容を共有することである。タスカルカードは利用者ごとにホワイトボードに貼り出され、全員が確認できるようになっている。3点目は、進捗が確認できることだ。自分がどこまで作業を完了したのか、また他の人が現在どこまで完了したのかを確認することができる。4点目は仕事の成果や評価を可視化することである。仕事が終わると、お花のシールをもらうことができ、利用者はそれを集めていく。仕事をして褒められたという嬉しい経験をいつでも可視化することができるのである。これらの役割に加え、私が感じたのはそのデザインのかわいさだ。ついつい楽しく仕事をしたくなってしまう。実はユーアイ村には、デザイン会社である株式会社ユーアイデザインが同じ敷地内に設けられている。社会福祉法人のグループ運営としては異例の体制といえる。ユーアイデザインでは、「ケアの対象者（障がい者、要介護者、子どもとその家族など）が自立して自分らしい生活を地域の中で送れるよう、また、福祉関連領域に従事する支援者が、ケアの対象者に真摯に向き合い適切に支援・

写真3:タスカルカード　撮影:筆者

エンパワメントできるよう、生活環境や職場環境における支援の仕組みやツールをデザイン[xxxvii]することを業務としている。ユーアイ村ではデザインと福祉の相乗効果により、利用者の就労をサポートする工夫が随所にちりばめられていた。

## ●「ユニバーサル就労」支援とは

障がい者手帳を持たず、これまで一般就労の対象となっていた方の中にも、就労の際に一定の支援や配慮が必要な方がいる。コミュニケーションの不安や、ひきこもりによる長期のブランク、健康状態など、事情は様々なのである。福祉的就労の対象とはならないものの、すぐに一般就労で働くことが難しく、制度の狭間で困難を抱えている人がいる現状がある。

例えば、従業員5人以上の事業所で働く発達障がい者は2018年度で3・9万人[xxxviii]と推定されている。一方、児童のデータではあるが、発達障がいの可能性のある児童の割合は全体の6・5%にのぼると推定されている[xxxix]。精緻に人数を把握することはできないが、いわゆる「グレーゾーン」といえる層が相当数いることは想像に難くない。彼らに対して就労に関する適切な支援をしていけば、各自が特性に見合った仕事と出会い、よりよい就労が可能となるのではないだろうか。こうした課題を踏まえ、「ユニバーサル就労」支援の取り組みに注目することとした。

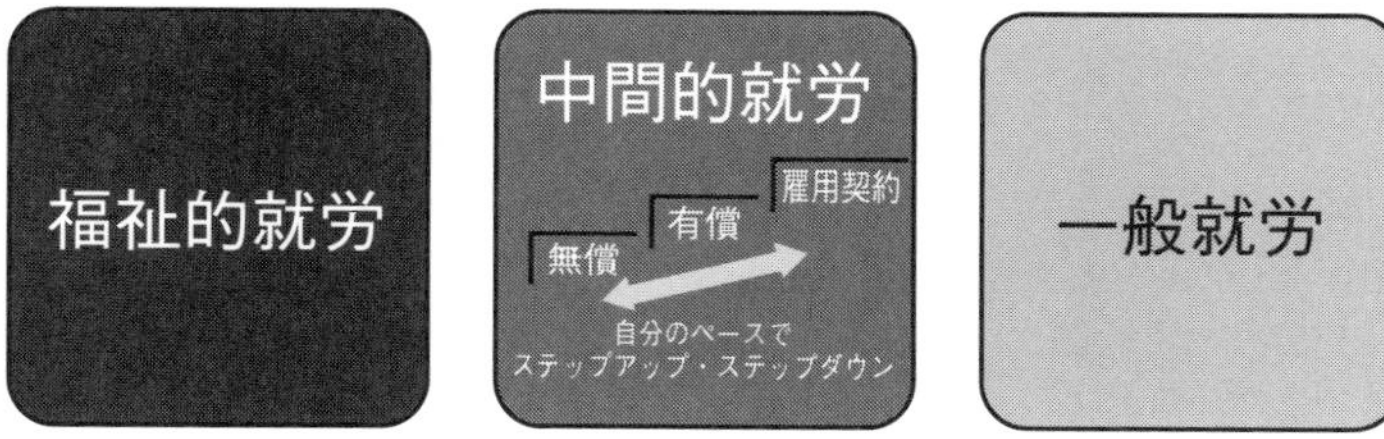


図5:中間的就労イメージ図　筆者作成

「ユニバーサル就労」とは社会福祉法人生活クラブが提唱した言葉で、「障がいがあったり、生活困窮状態にあるなど、さまざまな理由ではたらきたいのにはたらきづらいすべての人がはたらけるような仕組みをつくると同時に、誰にとってもはたらきやすく、はたらきがいのある職場環境を目指していく取り組み[xl]」のことである。狭義では一般就労と福祉的就労の間を埋める中間就労の取り組みである。

NPO法人ユニバーサル就労ネットワークちばでは、様々な就労に対する不安や悩みを抱えた人に、相談、計画づくり、就労体験を行い、2006年から2021年(訪問当時)まで100人以上が就労した[xli]。中間就労は無償や有償、雇用契約の有無と利用者のペースに合わせてステップを踏むことができる。支援の担当者は「ステップアップだけではなく、時にはステップダウンができることが大事」と強調する。現在は一般就労でも、働きづらさを抱えている場合は中間就労に戻ってきてもいい。そんな環境が大切だという。

また、受け入れ企業側に対しては業務分解を依頼する。業務を細かく分解し、〝見える化〟することで、就労希望者に依頼する仕事内容を洗い出すことができる。受け入れ企業の中からは「業務分解のおかげでほかの作業の効率性も向上した」という声も聞かれた。

## ●静岡県富士市「ユニバーサル就労推進条例」

こうした取り組みを自治体全体で推進するのが、静岡県富士市である。富士市は2017年に全国で初めて「富士市ユニバーサル就労の推進に関する条例」を制定した。条例では、市の責務に加え、市民、事業者、事業団体にもユニバーサル就労への理解と推進の協力を求めている[xlii]。その成果として、地元商工会議所と協力の上、今では130社以上が協力企業となっている。実は富士市では、労働力人口の減少に悩まされており、ユニバーサル就労への取り組みを「労働力人口の発掘」とポジティブに捉え直した。福祉政策は往々にして、経済振興とトレードオフの関係にあるとみなされがちだが、富士市では、福祉政策の枠を超えたオール市民体制での地域おこしの独自事業として推進されている。新規の協力企業を増やすため、日々自治体の担当者が一軒一軒足を運び、就労受け入れや業務分解の依頼をして回っているという。こうした現場の努力が事業の実績を支えている。

また、実際の支援にあたっては、ユニバーサル就労支援センターが窓口となっている。センターが位置するのは市の福祉総合施設である富士市フィランセ1階入り口の正面で、隣には社会福祉協議会、ハ

写真4：左がワンストップ窓口の富士市ユニバーサル就労支援センター、正面奥は富士市社会福祉協議会、右はハローワークの窓口がある　撮影：筆者

ローワークの窓口があり、ハード面・ソフト面でもワンストップ支援に向けた体制づくりが進められている。ここでは、働きづらさの要因が多様化していく中で、支援にあたる担当者も高いスキルが求められるという。このように、ユニバーサル就労への取り組みは福祉事業者や自治体の現場での様々な工夫によって支えられているのが現状である。今後はこの施策を横展開していく中で、より広く支援がいきわたることが肝要であろう。

## ●福祉を事業化するということは困っている人を「特定化」すること

こうした中間就労の取り組みをモデルとして、2015年に就労訓練事業が生活困窮者自立支援事業の任意事業の一環として開始され、全国に展開されている[xliii]。当事業は、すぐに一般企業等で働くことが難しい人を対象に、訓練としての就労体験や、支援付きの雇用を提供するものである。しかしながら、認定訓練事業所の数の伸び悩みに加え、支援対象を特定し、事業の詳細を指定することで、制度が使いにくくなったり支援が届きにくくなっている側面がある。

これこそが複雑な現実に向き合えば向き合うほど、課題や対象を明確に特定できなくなるという福祉制度の難しさである。本来は、困窮や働きづらさの要因を一つに特定化することは難しく、包括的な支援が求められる。しかし、現在の行政における政策過程では対象をある程度特定化し、支援メニューを定める必要が出てきてしまうのである。

## ケース③【何歳になっても地域で豊かに過ごすことができるか】——多世代の居場所づくりと高齢者の孤立を防ぐ挑戦

### ポイント

▽介護予防の主な対象となるのが、健康な状態と介護が必要な状態の中間である「フレイル」である。「フレイル」には、身体的なものに加え精神的・社会的なものもある。

▽地域の介護予防事業所では、世代を超えた地域のつながりを感じる居場所づくりが行われており、自治体には地域拠点のプラットフォームとなることが期待されている。
▽高知県では、不足する介護資源を補うべく、地域に必要なニーズを満たす多機能施設の活用を進めている。
▽事業の成功には「地域を耕す」視点が欠かせないが、財源や人材など事業の持続性は厳しい状況がある。

## ●地域で暮らし続けることを目指す介護予防へ

皆さんが病院を受診した際、介護予防を促す啓発ポスターを目にしたことはないだろうか。ご存じのように、高齢化に伴い日本における医療費、介護費は年々増加の一途をたどっている。そうした中で、少しでもそれらの抑制を図りたいという政府の思惑がある。一方の高齢者の間にも健康で豊かな人生を送りたいというニーズが高まっていると思われる。これらの思いが交差しつつ、介護予防は福祉を取り巻くホットワードとなっている。そんな介護予防事業のありかたが近年大きく変化してきている。

厚生労働省は介護予防・日常生活支援総合事業の基本的な考え方の中で、「機能回復訓練などの高齢者本人へのアプローチだけではなく、地域づくりなどの高齢者本人を取り巻く環境へのアプローチも含めたバランスのとれたアプローチができるように介護予防事業を見直す[xliv]」と新しい介護予防事業の方針を示した。

介護予防の主な対象とされている、フレイルと呼ばれる状態に対する対処の観点からこの方針転換の意義を考えていきたい。フレイルの定義について、日本サルコペニア・フレイル学会によると「フレイルは高齢期に生理的予備能が低下することでストレスに対する脆弱性が亢進し、機能障害、要介護状態、死亡などの不幸な転機に陥りやすい状態とされ、生理的な加齢変化と機能障害、要介護状態の間にある状態[xlv]」とされている。このフレイルには、身体的要因だけでなく、精神・心理的要因および社会的要因があると考えられている。精神・心理的フレイルは、うつ、軽度認知障がいが代表的な症状である。また、社会的フレイルとしては、閉じこもりや独居（孤立化や孤食化）等がみられる。従来、介護予防は、介護状態にならないための身体的なアプローチをするものとして限定的に考えられてきた。しかしそれでは、現在の高齢者を取り巻く課題に対応するには十分ではない。精神的な面や社会的な孤立といった面に政策対象を広げながら、地域で豊かに過ごし続けるための政策として再定義する必要がある。実は地域の介護予防の現場では、こうしたアプローチはこれまでごく当たり前に行われてきた。実際に高齢者が集まれば、単に健康体操を既定の時間だけやって解散というわけにはいかない。その場に集まっておしゃべりをしたり、交流したりすることが実は一番の楽しみだという参加者が大半だろう。そうした健康アプローチだけではない仕掛けをうまく活用しながら、介護予防の取り組みは地域に浸透してきたのだ。こうした現場での取り組みを後追いする形で、2017年4月から従来の介護予防事業に加え、多様なサービス提供主体による課題解決を目指す、介護予防・日常生活支援総合事業(総合事業)がスタートした。

総合事業は、一般介護予防事業と介護予防・生活支援サービス事業の2本の柱で実施されている。一般介護予防事業の対象者は、介護保険を財源とした介護サービスを受けるために必要な要介護認定における要支援者である必要はない。対象となるのは、日常生活に支障がなく、通いの場に行くことにより介護予防が見込まれる方である。いわゆるアクティブシニアといわれる元気なお年寄りまでをも含んだ事業といってよいだろう。

他方、介護予防・生活支援サービス事業の対象は主に介護保険制度上の要支援対象者である。介護事業所による既存のサービスに加えて、NPO、民間企業、ボランティアなど地域の多様な主体を活用して高齢者を支援することを目指している。サービスは、訪問型と通所型に大きく分かれており、それぞれが提供主体、提供内容の異なるサービスである。(詳細は図6、図7を参照)

これらは地域で自立した生活ができるための身体機能改善や、居場所支援、生活支援を通して「介護

## 訪問型サービス

<table>
<tr><th>基準</th><th>現行の訪問介護相当</th><th colspan="4">多様なサービス</th></tr>
<tr><td>サービス種別</td><td>①訪問介護</td><td>②訪問型サービスA<br>（緩和した基準によるサービス）</td><td>③訪問型サービスB<br>（住民主体による支援）</td><td>④訪問型サービスC<br>（短期集中予防サービス）</td><td>⑤訪問型サービスD<br>（移動支援）</td></tr>
<tr><td>サービス内容</td><td>訪問介護員による身体介護、生活援助</td><td>生活援助等</td><td>住民主体の自主活動として行う生活援助等</td><td>保健師等による居宅での相談指導等</td><td>移送前後の生活支援</td></tr>
<tr><td>対象者とサービス提供の考え方</td><td>○既にサービスを利用しているケースで、サービスの利用の継続が必要なケース<br>○以下のような訪問介護員によるサービスが必要なケース<br>(例)<br>●認知機能の低下により日常生活に支障がある症状・行動を伴う者<br>●退院直後で状態が変化しやすく、専門的サービスが特に必要な者　等<br>※状態等を踏まえながら、多様なサービスの利用を促進していくことが重要。</td><td colspan="2">○状態等を踏まえながら、住民主体による支援等「多様なサービス」の利用を促進</td><td>●体力の改善に向けた支援が必要なケース<br>●ADL・IADLの改善に向けた支援が必要なケース<br>※3～6ケ月の短期間で行う</td><td rowspan="4">訪問型サービスBに準じる</td></tr>
<tr><td>実施方法</td><td>事業者指定</td><td>事業者指定／委託</td><td>補助（助成）</td><td>直接実施／委託</td></tr>
<tr><td>基準</td><td>予防給付の基準を基本</td><td>人員等を緩和した基準</td><td>個人情報の保護等の最低限の基準</td><td>内容に応じた独自の基準</td></tr>
<tr><td>サービス提供者（例）</td><td>訪問介護員（訪問介護事業者）</td><td>主に雇用労働者</td><td>ボランティア主体</td><td>保健・医療の専門職（市町村）</td></tr>
</table>

図6:厚生労働省老健局振興課『介護予防・日常生活支援総合事業の基本的な考え方』より抜粋

## 通所型サービス

<table>
<tr><th>基準</th><th>現行の通所介護相当</th><th colspan="3">多様なサービス</th></tr>
<tr><td>サービス種別</td><td>①通所介護</td><td>②通所型サービスA<br>（緩和した基準によるサービス）</td><td>③通所型サービスB<br>（住民主体による支援）</td><td>④通所型サービスC<br>（短期集中予防サービス）</td></tr>
<tr><td>サービス内容</td><td>通所介護と同様のサービス<br>生活機能の向上のための機能訓練</td><td>ミニデイサービス<br>運動・レクリエーション等</td><td>体操、運動等の活動など、自主的な通いの場</td><td>生活機能を改善するための運動器の機能向上や栄養改善等のプログラム</td></tr>
<tr><td>対象者とサービス提供の考え方</td><td>○既にサービスを利用しており、サービスの利用の継続が必要なケース<br>○「多様なサービス」の利用が難しいケース<br>○集中的に生活機能の向上のトレーニングを行うことで改善・維持が見込まれるケース<br>※状態等を踏まえながら、多様なサービスの利用を促進していくことが重要。</td><td colspan="2">○状態等を踏まえながら、住民主体による支援等「多様なサービス」の利用を促進</td><td>●ADLやIADLの改善に向けた支援が必要なケース　等<br>※3～6ケ月の短期間で実施</td></tr>
<tr><td>実施方法</td><td>事業者指定</td><td>事業者指定／委託</td><td>補助（助成）</td><td>直接実施／委託</td></tr>
<tr><td>基準</td><td>予防給付の基準を基本</td><td>人員等を緩和した基準</td><td>個人情報の保護等の最低限の基準</td><td>内容に応じた独自の基準</td></tr>
<tr><td>サービス提供者（例）</td><td>通所介護事業者の従事者</td><td>主に雇用労働者＋ボランティア</td><td>ボランティア主体</td><td>保健・医療の専門職（市町村）</td></tr>
</table>

図7:厚生労働省老健局振興課『介護予防・日常生活支援総合事業の基本的な考え方』より抜粋

予防」を地域の中に位置づける事業として立ち上がっている。そのためには、それぞれの事業が住民生活の中で噛み合っていくことが欠かせない。例えば、機能改善に寄与する通所型サービスCを短期集中的に行い、自らの身体機能の改善を実感する。事業期間終了後は、こうした機能を維持するべく、定期的な運動や外出の機会として地域の通所型サービスBに出かける。こうしたサービスを組み合わせることによって身体的フレイルのみならず、社会参加やつながりの支援にもなり、社会的フレイル、精神的フレイルの予防にも寄与する。また、要支援未満の比較的元気なアクティブシニアは、自らも一般介護予防事業に参加し定期的に体操などを行いつつ、住民主体で運営される総合事業サービスにボランティアとして関わることも期待されるのである。

## ●地域のつながりを育む多世代の集いの場

現場では、こうした介護予防を地域福祉の観点からより多角的に捉えている。中でも私にとって最も思い出深い現場となったのが、地元横浜での地域福祉活動だった。私は、NPO法人が運営する多世代交流サロンで約7か月間一緒に活動させていただいた。当団体での経験が、後に示すビジョン、そして現在の活動の骨格を形成したといっても過言ではない。

当団体は空き家を活用することで、高齢者から子育て世代までを包括する支援を行っている。具体的には、高齢者に向けては介護予防事業（通所型サービスB）の実施と孤立防止に向けた「通いの場[xlvi]」として開業している。一方、子育て世代にとっては0歳から3歳の未就学児とその保護者やプレママ（初めての妊娠中でもうすぐママになる女性）が気軽に集い遊べる場所「親と子のつどいの広場[xlvii]」として、地域に根付いている。私は主に、高齢者向け事業でボランティア実習をさせていただいた。

高齢者向け事業では、介護予防の一環として健康体操や健康麻雀などを行うと共に、食事会や茶話会も催し、気軽に高齢者が通える場づくりをしている。こうした催しの開催や、庭の管理も含めて運営を行うのがボランティアスタッフである。私を温かく迎えてくれたのは、当事業所のベテランスタッフである。中心となるスタッフの多くは、長年地域の福祉活動に取り組んでいる。中にはご自身も70歳を超えても、ヘルパーとして仕事をしながら、ボランティア活動に取り組まれている方もいた。私にとっては、スタッフの皆さんがまさに地域福祉の「師匠」である。

この集いの場では、利用者とボランティアがお互いの顔が見える関係となっている。お互いのことをファーストネームで呼び合い、好きな食べ物も承知済みだ。だからこそ、単なる介護予防の事業所ではなく、日々のコミュニケーションを通して地域のつながりを感じる空間をつくり出すことができている。また、ボランティアも地域での役割を感じつつ「活きがい（生きがい×誰かのために自分のできることを活かす）」を持って活動している。身近な困りごとをお互いで共有し合い、時には支え、時には支え

写真5:活動拠点の庭で畑仕事中の筆者　撮影:ボランティアスタッフ

られる関係を紡いでいるといえる。

さらに、同じ建物で子育て支援を行っていることも重要である。保護者同士の様々な情報共有の場となるだけではなく、世代の異なる子育ての先輩から知恵を学び、地域のつながりをもつことができる。こうした活動が子育て世代の地域活動デビューのきっかけともなりうるのである。近年、情報通信機能やSNSの発達によって、困りごとの解決方法を「検索」に求めることも増えているだろう。しかしながら、実際の生活に根付いた知恵や身近な人との支え合いの関係をつくっていくには、人々が集うリアルな場がまだまだ効果を発揮する。自治体の施策の対象からこぼれ落ちている困りごとを発見し、共に支え合うことで地域をつくってきた、その歴史と実践を私は日々学ばせていただいた。

## ●横浜を舞台として――草の根の地域福祉を次世代に

横浜市の地域福祉には草の根コミュニティの伝統がある。特に、地域の女性が中心となり、自らの子育てや介護を通して感じた困りごとを、お互いの助け合いで支え合ってきた[xlviii]。しかしながら、共働きの増加やライフスタイルの変化に伴い、担い手の高齢化と不足が大きな課題となっている。そして、こうした集いの場は全国的にも地域の課題を地域で解決するという地縁コミュニティに基づいている場合がある。私はそうした中で、コミュニティを次世代につないでいくためにも、「子育て」「働くことに不安を持つ若者の就労」といった個別のテーマに関心のある若年世代と、地域の高齢世代がゆるくつながれるような仕組みやコミュニティのありかたが重要であると考える。新しく地域に転居してきた人や、普段は仕事などで忙しい世帯も、何かしらのテーマで自由に参加でき、またそうした活動が多様に芽生えていることが地域参加へ担い手をいざなうこととなるのではないか。そして、こうした活動の多様性はひいては地域福祉の充実と、制度の狭間を補い合うサービスの柔軟さを生んでいくであろう。

横浜市では、NPO法人を中心として住民の自主的な活動で行われる集いの場づくり、生活援助といったサービスBが積極的に展開されている。2023年4月1日現在、サービスB事業者は市内に

90あり、そのうち60を高齢者の通いの場で体操などの介護予防に資する事業を行う通所型サービスBが占めている[xlix]。全国を見わたすと、地域によっては住民ボランティアなどが集まらず、実施自体しない自治体が多い。そうした中で、横浜市は地域モデルの構築に挑んでいるといえる。また、こうした介護予防拠点にはどうしてもリアルな場所が必要となる。空き家を活用する場合でも、多世代交流の拠点とする際の改装費などの施設整備費用は、事業参入の大きな障壁の一つである。そこで、横浜市では「介護予防交流拠点整備事業」として971万円を上限とした補助制度を設けている。

こうした地域での住民主体のボランティア活動を後押ししている一つの施策が平成21年度に政令市初の取り組みとして導入された「よこはまシニアボランティアポイント」である。高齢者が介護予防事業所や介護施設等でボランティア活動を行った場合に、ポイントを得ることができる。たまったポイントは1ポイント1円換算寄付・換金が可能で、1回の活動で200ポイント(年間8000ポイント上限)を受け取ることができる[l]。写真6は実際のポイントの取集に使用するICカードとポイント付与端末である。タッチのみの操作のため、高齢者でも簡単にポイントをためることができる。

実際に私が活動していた市内のNPO法人でもボランティアの皆さんが活用していた。もちろん、ボランティアポイントだけで活動のインセンティブとなるわけではないだろう。それでも、少しのお得感や、やりがいが生まれる仕掛けで活動への意欲が湧くきっかけになっているといえよう。また、ボランティアの受け入れ先は、介護施設にとどまらず、障がい者施設、親子の集いの場など多岐にわたる。自分に合ったボランティアを探すことでボランティア自身も社会参加の機会を広げることができる。こうした行政からの継続的な支援は、横浜の住民主体ボランティア

写真6：横浜市『よこはまシニアボランティアポイント事業について』より抜粋

の基盤となっている一因であろう。

自治体は今後もこうした地域福祉活動を活かせるプラットフォームとして、日ごろから事業者と顔が見える関係となり、情報交換、相互連携をしていくことが求められている。

## ●過疎地の孤立する高齢者——高知型福祉の挑戦

松下政経塾には、「研究会」という自主勉強会が存在する。普段は個別のテーマで活動する塾生が期をまたいで同一のテーマで1年間研究活動を行う。社会保障研究会に所属し、２０２１年度は介護予防

をテーマに活動をしていた私は２０２１年12月、研究会の所属塾生と一緒に高知県を訪れることにした。都市部における議論は「あれもこれも」といった、足し算の議論に陥りやすい。その一方で、地方の現実はそう簡単ではない。加速度的に減少する若年人口や限られた地域資源といった制約の中で、いかに住民と共に行政サービスを構築するかが問われている。高知県はその広い県内面積から、山間部における介護難民の課題が深刻化している。こうした地方型福祉のありかたを調査するべく現地に向かった。

高知県は住み慣れた地域で安心して暮らすことのできる「高知型福祉」を推進している。県独自の施策として、平成21年度から国の「ふるさと雇用再生特別交付金」を利用し、「あったかふれあいセンター事業」を創設した。目指すのは、既存の福祉サービスの枠組みを超えて子どもから高齢者まで、年齢や障がいの有無にかかわらず、誰もが1か所で必要なサービスを受けられる地域福祉の拠点である。国の交付金事業が終了した平成24年からは高知県独自の補助事業として継続しており、実施主体である市町村は社会福祉協議会、民間企業、ＮＰＯ法人などに委託して事業を実施している。費用は県と市町村で半分ずつ拠出している。

あったかふれあいセンターは、地域のニーズに合わせた地域福祉の拠点である。制度の狭間にある様々な支援ニーズを発見し、必要に応じて直接的な課題解決の手段を提供すると共に、必要な支援・サービスにつなぐという役割を持つ。集いの場の開催やそれに伴う送迎、訪問、福祉相談・関係団体へのつなぎ、生活支援等が必須機能だ。地域ニーズによっては健康や福祉についての情報を提供したり、コミュニケーションが苦手な方々に向けた交流の場の設置といった機能も付与されている。基本的にコーディネーター1名、スタッフ2名で運営されている。こうした拠点型のセンターはおおむね、週5回開所をしている状況だ。一方で、高知県では地理的な理由などによりセンターに集うことのできない住民も少なくない。そうした住民のために、より身近な場所で住民が集える「出張型集い」として「サテライト型」拠点も設置している。こうした工夫によって山間部など物理的に距離が離れているエリアにもサービス提供を試みている。

拠点の運営には住民の理解が欠かせない。地域住民を交えた、あったかふれあいセンター運営協議会を年1回以上開催する。行政の一方的な押し付けになることなく、地域のニーズを確認しながら、住民と共に必要なサービスの形をつくっていくのが目的である。

一方で課題となっているのが、利用者や生活の困りごとが固定化してきていることである。センターは地域ニーズに合わせた拠点として整備されたが、利用者の約8割が高齢者となっているのが現状だ。単なる高齢者向けの居場所ではなく、地域づくりのための多世代・多機能交流拠点としての活用ができるかが今後の課題になる。

私たちは高知県子ども・福祉政策部地域福祉政策課のご協力のもと、いくつかのセンターを訪問する

写真7:社会保障研究会メンバーとゆずの花スタッフの皆様　撮影:ゆずの花スタッフ

ことができた。その中でも、山間部に位置する北川村の例を紹介したい。高知県安芸郡北川村はゆずの名産地として知られ、人口1209人（2023年10月31日現在）の小さな村である。人口減少や高齢化により独居高齢者の増加、地域力衰退などといった課題を抱える、まさに課題先進地域といってもいいだろう。そこに、北川村社会福祉協議会が運営する小規模多機能施設「ゆずの花」がある。

現在村内ではミニデイサービスが2か所、サテライト拠点が11か所、自主グループが2か所、自主体操が4か所で実施されている。人口規模が小さい北川村では採算がとれず民間介護事業所が撤退してしまい、介護予防はおろか介護サービスも満足に受けることができない介護難民が発生している。限られた人材や資源で地域の様々な問題を解決する必要がある中で、北川村あったかふれあいセンター「ゆずの花」は地域の小規模多機能施設として必要な機能を設け、地域づくりを行っていくという方針をとっている。

北川村あったかふれあいセンターの最も特徴的な点は、泊りの機能を備えていることである。真っ先に想定されるのが、高齢者が在宅介護に復帰するための生活準備である。高齢者が、都市部の介護施設や病院から北川村の自宅での生活に復帰をする際、自立した生活に向けてリハビリの期間が必要となる場合がある。そんな時に、家族と一緒に宿泊機能を活用しながら、生活リハビリをすることができるのだ。さらに、災害時の避難の対応も可能である。山間部の住民生活は土砂崩れ、河川の氾濫といった災害リスクと常に隣り合わせである。また、平時においても、体調が不安な住民への安心できる居場所になる。独居の高齢者にとっては、体調がすぐれなかったり、身体機能の衰えを感じながら一人暮らしの家に滞在することは大きな不安を伴うものである。施設内4か所の部屋には、それぞれバリアフリートイレ、風呂が併設されており、住民の要望によって宿泊することができるようになっている。こうした宿泊機能を活用できるのは高齢者に限らない。小さなお子さんを育てる若い世代の利用も増えてきているという。さらに、泊りの機能があることによって、生活支援を「切り分けて」提供することも可能だ。自宅で入浴することが難しい高齢者などには、浴室のみを利用して入浴支援をすることもできる。都市部では介護事業者がサービス利用者の奪い合いをしている一方、北川村ではこうした細やかなサービスの提供も福祉拠点に期待されている。

こうした泊りの機能に加え、「ゆずの花」にはコミュニティスペースとしての工夫が随所にみられる。施設の中心には、開放的なキッチンが備わっている。そのキッチンを利用してコミュニティカフェが開催されている。開催中は地域の方がお茶を片手におしゃべりをする憩いの場に変身する。また、コミュニティカフェは障がい者の就労の場にもなっている。広いスペース空間にはクッションマットが敷かれ、たくさんの遊具が用意されている。壁はボルダリングができる仕様になっており、子どもの遊び場には事欠かない。吹き抜けでガラス窓になっているため、保護者も目が行き届く工夫がなされている。構想段階からこうしたコミュニティデザインへの配慮がなされ、「人々が交わり会話が生まれる空間づくり」にこだわって建築されたという。

介護予防という視点から地域での実践を見てきた。先述の勝部氏の言葉を借りるなら、いずれのケースも「地域を耕す」視点が欠かせない。住民との対話や顔の見える関係の中で、必要なサービスを明確化し対処していくという姿勢が事業成功の鍵ともいえるかもしれない。こうした可能性が開かれている一方で、事業の持続性に関しては、いずれも厳しい状況にある。自治体や現場のボランティアの工夫と善意は尊いものである。しかし、事業を継続するには人員も予算も必要なのが現実である。「地域主体」という言葉の実態が、地域への丸投げとなることは避けなければならない。

## ケース④【安心の住まいを確保できるか】——ライフコースニュートラルな住宅政策

**ポイント**

▽住まいの安心の確保は、若い世代や子育て世代にとって重要な課題となっている。
▽居住費、特に家賃が家計にとって大きな負担となっている。
▽戦後日本の住宅政策が持ち家政策を推進する一方で、賃貸住宅などに住む単身者などへの支援を排除してきた。
▽日本の住居支援は、住宅手当と社会賃貸住宅共に先進国の中で最低水準にある。
▽政策が人生のありかたを特定しない、ライフコースニュートラルな居住支援を拡充するべきである。

最後に、日本の住宅政策について考えてみたい。住まいは、就労、介護、子育てといったあらゆる社会生活の基盤となる。住まいの安心がなければ、新しいキャリアへのチャレンジはおろか、健康的に日々の生活を送ることは難しい。近年、生活困窮者が一時的に滞在するための施設である無料低額宿泊所が貧困ビジネスの温床になっている現状が大々的に報道されるようになった。6畳程度の個室をカーテンで区切り、二人部屋にしたプライバシーのない状況で利用者が生活する姿や、生活保護費のほとんどを事業者に搾取される姿が連日報道されてきた。もちろんこうした事業者は全体の一部であるだろう。しかし、こうした制度の抜け穴を利用し、利用者の尊厳を損なう行為は厳しく対処することが必要である。政府もこうした現状を受け、社会福祉法の改正により無料低額宿泊所について、事前届出、最低基準の整備、改善命令の創設等の規制強化に乗り出すことになった[li]。こうした例からもわかるように、日本では長らく住まいの安心に関しては政策的関心が高かったとはいえないのである。

実は今、こうした住まいに関する課題は、生活困窮者だけの問題ではなくなっている。むしろ、これから人生を形成する若い世代や子育て世代にとって深刻な課題となっているのである。私がそのことを意識するようになったのは、ボランティアで家計相談（前職でのＦＰ資格がここで役に立った）を担当していた時のことである。主な対象者は子育てや転職で家計環境が変わり、収支に不安を抱える方々だった。活動を通して実感したのは、多くの若年世代（主に20代～30代）にとって、居住費が家計のボトルネックとなっていることである。感覚的ではあるが、首都圏なら一人暮らしでも家賃10万円前後になることは珍しいことではない。そこに、結婚や出産で家族が増えたら、居住スペースと引き換えにさらに家賃負担が増えることは想像に難くない。私たちは家計のやりくりを考える時、真っ先に家賃が払えるかどうかを考えるのである。

アフター・ハウジング・インカム（ＡＨＩ）という指標がある。これは、収入から社会保障費や税金を差し引いた可処分所得から、さらに住居費を差し引いて算出される。まずは、持ち家で住宅ローンの返済をしているケースから見てみよう。住宅ローン返済者は１９８９年の可処分所得に対するＡＨＩの割合が87・２％であった[lii]。それが２０１９年になると、83・７％とローンの負担感が増していることがわかる[liii]。それでも、住宅ローンを契約できるのは、比較的所得が高く雇用状況も安定している層であるといえる。また、10年以上の返済期間の住宅ローンに関しては税額控除を申請することができ、税制面で優遇がある。一方、賃貸生活者の居住費負担はどうだろうか。家賃３万円未満の住宅に住む世帯の割合は１９８８年で47・６％なのに対し、２０１８年では17・５％と大幅に減少した。一方で、家賃７万円以上の世帯は、１９８８年では７・４％だったが２０１８年には25・２％と上昇している[liv]。当時から現在まで家賃負担がどれだけ重くなってきたかが見て取れる。このように居住費の負担が家計をじわじわと圧迫しているのである。

住宅政策・都市政策の研究者である平山洋介は戦後日本の住宅政策が「定住」する住まいとして持ち家政策を推進する一方で、「仮住まい」とみなされてきた賃貸住宅などに住む単身者などへの支援を政策対象から排除してきた点を指摘する[lv]。その上で、職場で勤勉に働き、結婚、子どもを育てながら持ち家を持つという「ライフコース」を想定した政策モデルがその背景にあるとする[lvi]。

住居支援には家賃補助などの現金給付を行う住宅手当と、住宅現物をなんらかの公的補助や行政の介入により市場価格より廉価で供給する社会賃貸住宅がある。日本においては、住宅手当は生活保護の一部として存在する住宅扶助や、生活困窮者自立支援事業の一部として存在する住居確保給付金など、極めて微量である。それにもかかわらず、社会賃貸住宅の割合も3・6％（2018年）に過ぎない[lvii]。かつて「仮住まい」とみなされていた賃貸は、もはや「定住の住まい」となっている。とりわけ、これから様々なライフイベントを迎える単身者や若年世代にとって、住宅支援の有無は大きな影響を及ぼしてくる。こうした社会変化があるにもかかわらず、日本の政策では住まいの安心自体が制度の「狭間」になってしまっているのである。

海外諸国に目を向けると、現金給付としての住宅手当と、現物給付として社会賃貸住宅の提供を組み合わせて住宅政策を打ち出している。社会賃貸住宅の充実を図っているのが、社会賃貸住宅率が37・7％を占めるオランダ（2018年）や21・2％以上（2018年）を占めるデンマークなどである。デンマークに関しては、住宅手当受給世帯率も18・9％（2017年）と比較的高い割合を示している。社会賃貸住宅の提供に関しては、住宅に入居できた住民とできなかった住民の不平等の問題が生じている。また、公営住宅から住まいを選択する手法は、新自由主義的発想からは受け入れがたい。したがって、アングロサクソン系の国々は住宅手当を主な手法として住宅政策を展開している。その典型は、住宅手当受給世帯率が14％（2017年）であるイギリスであろう[lviii]。いずれにしても、これらの

ＯＥＣＤ諸国と比較すると、日本の住居支援は最低水準であるといってよい。以上からわかるように居住費の負担を軽減していくことが重要であろう。そして、何より住まいは社会生活の基盤である。子育てや就職活動、高齢者の生活を考える上でも、住まいの充実がセーフティーネットとなることを改めて指摘しておきたい。

平山は人々の選択がライフコースから無縁であることはありえないとしながら、複数のライフコース・モデルを発展させる政策を「ライフ・ニュートラル」と表現する[lix]。政策対象を「特定の誰か」から「誰もが」に変えていくことが今後の生活保障の根底をなす考えといえる。

# 第3章

# 現実的な二つの大きな課題―財源・特定化―

# 第1の課題：財源・財政の課題

**ポイント**

▽社会保障費全体でみると医療・年金が増加の一途をたどっている一方で、福祉給付は低水準である。
▽日本の税は、国際的にみて税制の累進的機能が弱い。
▽日本は痛税感が根強く、特に中間所得層はその傾向が顕著である。その最大の原因は税負担に見合った保障を感じ取れていないからである。
▽地方自治体の財政状況は厳しく、地方交付税交付金に頼っている現実がある。したがって、社会サービスの充実のためには、中央から地方への財源移譲が必要である。

## ●社会保障費の断続的な増大と福祉の不足

周知のとおり、高齢化の影響により日本の社会保障費は増加の一途をたどっている。２０２３年度の

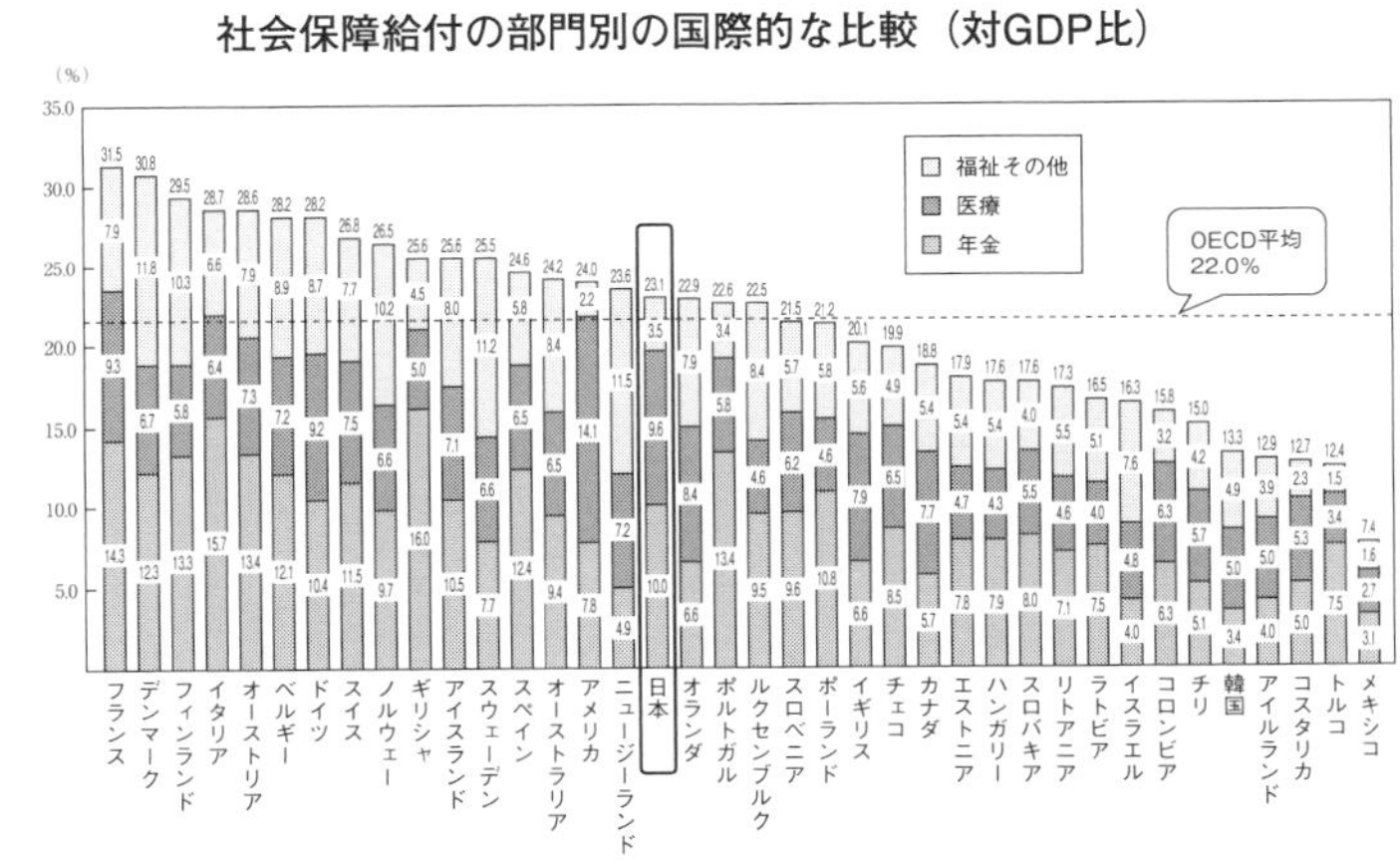


（注）OECD："Social Expenditure Database" に基づき、厚生労働省政策統括官（総合政策担当）付政策統括室で算出したもの（20230210閲覧）、2019年の数値。
OECD社会支出基準に基づく社会支出データを用いているため、社会保障給付費よりも広い範囲の費用（施設整備費等）も計上されている。

図8：厚生労働省『社会保障給付の部門別の国際的な比較（対GDP比）』

予算額ベースで社会保障給付額は、134・3兆円となった。この金額の推移をGDP比で比較すると、2000年に14・6%であったのに対し、2023年度は23・5%まで増加している。そして、高齢化による医療費の増大などが主要因の自然増は年間5000億円規模になっている。高齢者人口がピークを迎えるのは2042年といわれており、これらの費用は今後も増加していくことが予想される。負担の内訳でみると、77・5兆円（59・3%）が国民が被保険者として払う保険料と、事業主が払う保険料でまかなわれている。また、53・2兆円（40・7%）が公費で、国の一般会計で36・7兆円（28・1%）、地方自治体の一般財源16・4兆円（12・6%）となっている[lx]。こうした状況を踏まえると、社会保障の議論をしにくくなってしまうかもしれない。その一方で、社会保障給付を部門別に整理するとまた違った景色がみえてくる。

図8は、社会保障給付を年金、医療、福祉その他という3部門に分けた国際比較図である。3部門のうち医療部門は世界的に見ても高い水準にある。一方、福祉その他の部門への給付が極めて少ないことがわかる。言い換えれば日本の社会保障制度は年金と医療を除けば、他国に比べて脆弱な給付水準といえる。本書で論じてきた行政サービスや福祉の多くが、この福祉その他の部門としての給付を財源に運営されている。これらは日常生活に身近なサービスであり、国民が受益を感じやすい部門でもあるのである。確かに、年金・医療制度のありかたは不断の見直しに向けた議論が必要になるだろう。一方で福祉をめぐるこうした事実を把握した上で、財政論を議論する必要があるのではないか。

## ●痛税感が根強い日本の税制

税制を考えることは、社会を少しずつみんなが支えていることを実感しながら、その目指す姿を考えることでもある。言い換えれば、その国の社会ビジョンを体現しているのが税制であるといっても過言ではない。日本の税制の特徴が顕著に出ているのが、税による再分配効果である。日本の税制は、２００９年の年次経済財政報告において税による再分配効果がＯＥＣＤ加盟国内で最低水準である[lxi]、と報告された。以降も、こうした傾向に大きな変化はない。厚生労働省の令和3年（２０２１年）所得

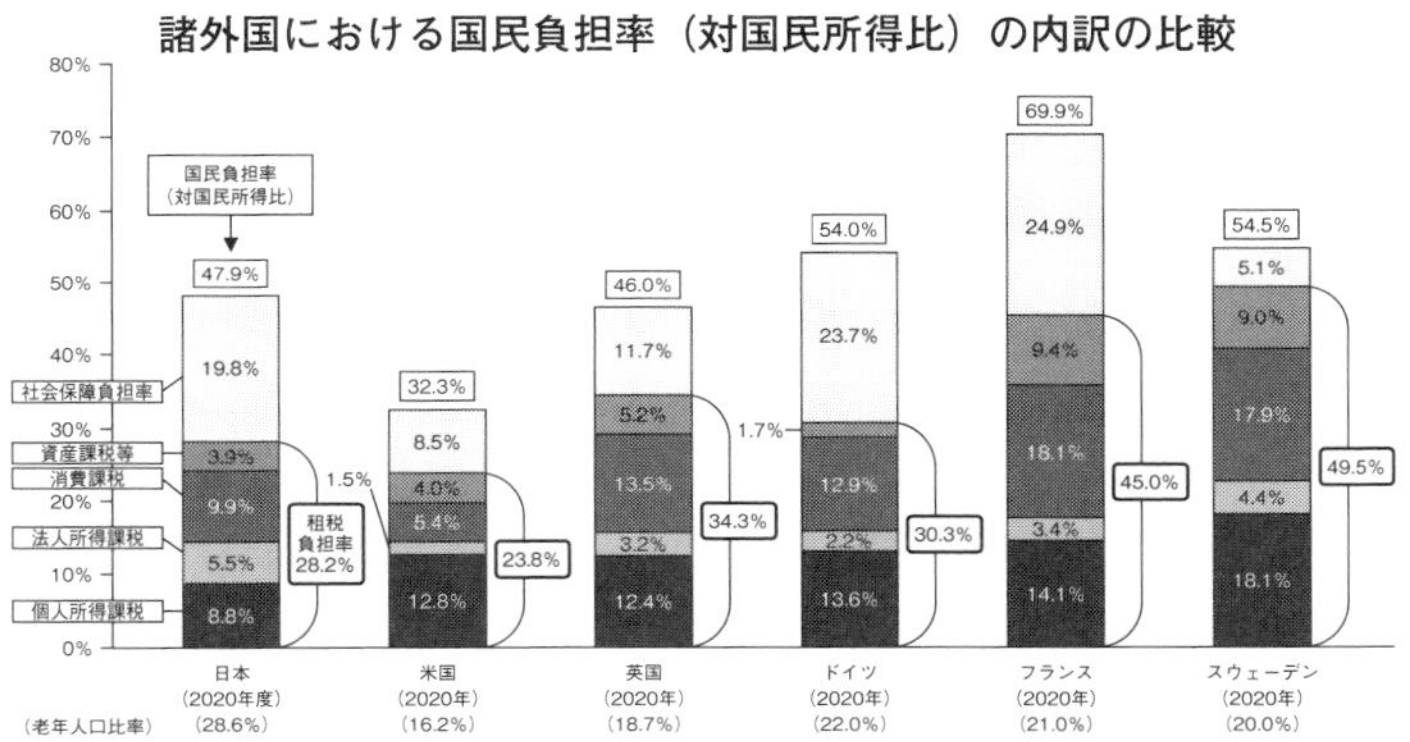


図9：財務省『負担率に関する資料「諸外国における国民負担率（対国民所得比）の内訳の比較」』より抜粋

再分配調査をみてみよう。この調査では、ジニ係数の改善度によって政策の再分配効果を示している。ジニ係数は、一般に所得分布によって所得分配の不平等度を測る際に用いられている指標である。当調査によると、税によるジニ係数（世帯所得）の改善度は２０２１年度で４・７％であり、２０１１年度の４・５％[lxii]と比較しても、ほぼ横ばいである。このように、日本の税制はそれ単体では格差を調整し、社会的連帯を強める機能を十分に果たしきれていない。それでは、税負担の内訳をみてみよう。税項目別の国民負担率で国際比較を行ったのが、図９のグラフである。なお、日本の国民負担率は２０２３年度のデータで46・8％[lxiii]となっているが、今回は他国との比較のために２０２０年度のデータを用いた。

とりわけ、累進的機能がある個人所得税と資産課税が相対的に低い水準であることがわかる。ここからは税の公平性という課題が見えてくる。本来これらの税は、所得や資産などに余裕がある人が、その税を払う能力に対して応分の負担をする、という応能負担の考え方に基づいている。課題を象徴的に示しているのが、個人所得税のうち高所得者の大きな収入源となっている株式等の譲渡所得への課税である。具体的には、株の売買などで得た儲けにかけられるものとイメージするとわかりやすい。現在、株式等の譲渡所得への課税は給与所得等と合わせて計算を行う総合課税ではなく、分離課税での徴収となっている。分離課税として定額約20％の税率が課せられるため、一部の高所得者にとっては、給与で収入を得るより、株式売買で収入を得た方が税制上のメリットがあるという現象が起きている。その結果として、税制の累進性が損なわれている側面があるといえよう。また、相続税等の資産課税においても、課税件数割合は全体の９・３％[lxiv]であり、被相続人の多くは徴税の対象外となっている。こうした課税ベース引き上げは、世代間の公平性（生の偶然性への対処）という観点からも議論が可能であろう。このように現在の税制においては応能負担の原則に基づいた徴税機能が弱まっているのが現状である。こうした税制のありかたは、社会的連帯を育む観点からも見直しが必要だと考える。税の公平性は、国民の税制への納得感に直結してくるのである。

次に、国民の所得に占める税金や社会保険料などの負担の割合を示す国民負担率を見てみよう。日本の国民負担率は47・９％とアメリカは上回るもののイギリスとほぼ同程度の水準である。フランス等他国と比べても決して国際的には高いとはいえないことがわかる。さらに、そこから社会保険料などの社会保障負担費を除いた税負担比率においては、28・2％とアメリカ以上イギリス未満の水準であることがわかる。すなわち、社会保険料などを除いた税による負担水準も日本は決して高くないのである。

以上のように日本の税制は、高所得層から中・低所得層への再分配機能が脆弱であり、なおかつ全体としても国民で負担を分かち合う体制とは言いがたい。しかしながら、日本の税負担感（特に中・低所得層）は国際的にも高い水準にある[lxv]。近年、社会保障財源として増税を伴わない、社会保険料の増額を繰り返し行ってきた。社会保険料は現役世代が主な負担者となる。最も仕事が忙しく、家計が苦しい世代の負担は高まるばかりである。社会保険料増額による財源の確保は、就労形態の違いに起因する保険加入形態によって負担が変わるという不公平をもたらしている。とはいえ、こうした事情を鑑みても、日本の痛税感の強さは説明しきれない。一方、所得税を例に負担感と社会保障の満足度を調査すると、負担感の強弱にかかわらず、すべての階層で社会保障が「少なすぎる」という結果が出た[lxvi]。

以上からもわかるように、痛税感の最大の原因は税負担に見合った保障を感じ取れていないことなのである。

「涙の色は違えど、誰もが何色かの涙を流している」という現実こそ現在の日本における「共同の困難」である。幅広く負担し合う税制によって、様々な「生」のニーズ（社会的連帯の理由）が充足されているという実感がある制度に立て直すことが妥当な方向性だろう。

写真8:業務中の筆者　撮影:深谷市役所担当者

## ●自治体財政のお財布事情——地方への財源移譲の必要性

住民に対して福祉などの社会サービスを提供するのは基礎自治体の仕事である。したがって、自治体財政のお財布事情からも財源のありかたを考えなければならない。２０２１年10月から約5か月間、埼玉県深谷市役所企画財政部財政課で財政の将来見通し策定担当者として研修を行った。深谷市も人口減少に伴う税収減、膨らむ公債費等、全国の自治体で共通といえる課題を抱えている。

はじめに指摘したいのは、福祉分野における対人サービスの財源として地方交付税交付金が機能している点である。地方交付税は、地方公共団体の間の財源の不均衡を調整し、どの地域に住む国民にも一定の行政サービスを提供するための財源を保障するためにつくられた制度である。その性格から、国が地方に代わって徴税する地方税と表現されることもあり、交付金のかたちで地方自治体に分配される。地方公共団体の財政力を図る主要指標である財政力指数をみてみよう。財政力指数は地方交付税交付金の算定に使われる基準財政収入額を基準財政需要額で除して得た数値の過去3年分の結果に基づく。こ

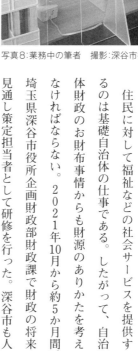

の数値が、1に近づけば近づくほど、交付税算定上の留保財源が多いとみなされ、一般的に財源に余裕があると考えられる。

深谷市は令和2年度0・77（県内40市中31位）となっており、自主財源の確保という課題を抱えていることがわかる。こうした地方自治体を支えているのが、地方交付税交付金である。深谷市では、令和元年の歳入に占める地方交付税交付金の比率は11・4%[lxvii]と、重要な位置を占めており、基礎的な行政サービスの財源に充てられている。

地方自治体は、国とは異なり、通貨発行権を持っていない。国が特例法による赤字国債が発行できるのに対して、地方自治体は地方財政法第5条により、水道などの公営企業の経費や普通建設事業費等に充当する地方債に起債が制限されている[lxviii]。国では国債を膨張する社会保障費に充当することも一般化しているが、地方では同じ手は使えないのである。したがって、地方自治体の福祉事業にとって、地方税とあわせて一般財源として利用できる地方交付税交付金は重要な財源となっている。

実際、地域特性を活かしたきめ細やかな施策が必要となる福祉事業は、自治体負担の事業として構築されることが多い。例えば、コミュニケーションが苦手な児童が学校で学べる環境を整えるための支援員の増員や、障がい者の認定を受けていない方への独自の就労支援などもこれらに該当する。これらに対応していくためには、地方自治体が一般財源を持続的に確保していく必要がある。

深谷市は一般財源の確保に向けて地域通貨事業、農産学連携事業、アウトレット誘致・連携など様々な新規事業に積極的に取り組んでいる。それでも、一人の財政課担当の視点から見ると、限られた予算・権限・人材の中では、「現状の福祉サービスを維持するので精いっぱいだ」と言いたくなってしまうのが現状であった。担当課が新たな施策を立案しても、予算査定においては「いかに支援対象を特定してサービスを提供するか」を考え、予算を縮小するしかないのが現状であった。こうした観点からも、改めて、中央から地方への財源・権限の移譲の必要性を強調したい。

## 第2の課題：制度における特定化をいかに乗り越えるか
## ――「普遍化」と「最適化」

**ポイント**

▽生活の困りごとには複雑な要因があるが、行政が対象を「特定化」しているという課題がある。

▽現金給付・サービス・コモンズ（コミュニティが主な舞台となる）を組み合わせることで「最適」な社会サービスの提供が可能となる。
▽福祉事業者、行政、国民（納税者）、それぞれに課題があり、福祉の「負のサイクル」が生じている。

前章では生活困窮者支援、就労支援、高齢者福祉、居住支援といった観点から、福祉行政が対象を特定化する傾向が根強いことを指摘した。困っている「誰か」のための制度から、「誰もが」利用できる制度へという「普遍化（ユニバーサル）」プロセスが求められている。しかし、支援対象を特定しない、あるいは伴走型の支援は非定量的かつプロセス主義[lxix]で成果が見えづらいというのも現実である。

そもそも普遍的な社会サービスとは何を指すのだろうか。誰にとっても必要な社会サービスを定義することは、社会サービスの最小公倍数を目指し縮小する逆ルートをたどることになりかねない。一方で、最大値をとれば、どれほど自治体に財源や権限を移譲しようと際限のないものになる可能性もある。すなわち、これらの普遍的な社会サービスには、本質的に「最も必要とされる人にいかに適切にサービスを供給できるか」という、「最適性」が求められているのである。

こうした中で、政治学者の宮本太郎はコモンズというアセットを重視する視点を指摘する。コモンズは「誰のものでもなく、オープンで、多くの人がその存続に関わるが、その分、誰かが占有してしまう場合もあるようなアセット[lxx]」のことを指す。そしてコモンズの中で特に重要なのがコミュニティである。宮本は、現金給付、サービス給付、コモンズという複数のアセットが連携することで多様な困難に応じて最適な組み合わせが提供される[lxxi]とする。人によって必要とされる最適な支援は異なる。そうであるならば、画一的な現金給付・サービス給付を提供するのみならず、生活の困りごとに対して最適な組み合わせのアセットをその都度組み替えて提供しなければならない。その際には、居場所支援などの福祉サービスの担い手として、地域のアクティブシニアなどを中心とした非制度的コミュニティが役割を果たすこともあるだろう。あるいは、住民が維持を求めている福祉サービスが民間・行政共に管理が難しい場合、地域で共有管理することによって課題が解決するかもしれない。

宮本の言葉を借りるならば制度の「普遍化」だけでは「特定化」の課題を乗り越えることはできない。現実に多様な困難に対して「最適」な対応を行うためには、現金給付やサービス給付といった制度のみならずコミュニティをはじめとした様々なアセットまでを含むシステムが必要なのである。そうしたシステムを可能にするためにも、それらが成り立つ前提条件や基盤までをも含んだ全体のビジョンこそが必要となる。

福祉の「負のサイクル」

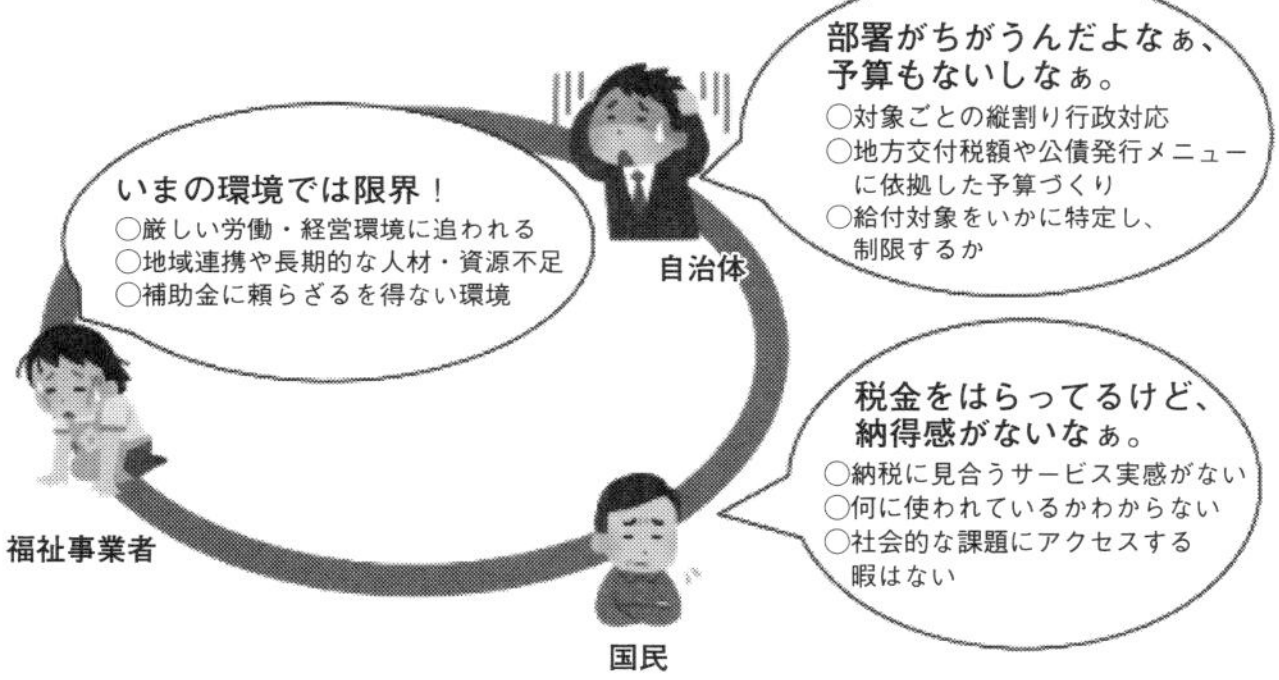


図10:筆者作成

## ●事業者、市民、行政における福祉の「負のサイクル」

これまで記述してきた課題をイメージ図にしたのが、図10である。福祉事業者の労働環境、経営環境は厳しい現状がある。さらに、地域資源との連携を図るハブ人材も足りない。結果として、事業の継続を補助金に頼らざるを得ない状況である。一方、頼みの行政は中央官庁から自治体担当課にわたって縦割りの対応から抜け出せていない。自治体は地方交付税額や公債メニューをもとに予算づくりを行っており、一般財源を使用した独自政策を打ち出す財源的余裕に乏しい。こうした状況から、福祉の困りごとを「特定化」して給付対象を制限せざるを得ない。そして私たち国民は、税金は払っているがそれに見合ったサービスがないと感じている。税金の使い道も何に使われているか不透明で政治への信頼は低下、無関心が広がっていく。仕事で多忙な日々に追われ、社会的な課題にアクセスする暇はない。福祉を取り巻く環境はこうした「負のサイクル」に陥っている。このサイクルを断ち切らない限り、私たちの生活に安心が訪れる未来はない。

こうした問題意識を持つ中で、次章ではスウェーデンを例にとり、普遍主義に立脚した福祉国家を支える基盤は何か検討したい。

# 第4章

# スウェーデンでの出会い

## ―ウェルビーイング・参加型民主主義・主体性―

**ポイント**

▽ホームヘルプの現場では、身体的健康のみならず、精神的・社会的にも満たされた「ウェルビーイング」を大切にしている。
▽住民自らが自治体に提案を行う、「参加型民主主義」の伝統が根付いている。
▽民主主義のもとになる「主体性」は、教育や自然体験を通して幼少期から育まれている。
▽歴史的に見れば、こうした文化は絶え間ない努力で「創られた」ものである。

スウェーデンは世界有数の福祉国家として知られる。日本でも多くの福祉実践が先行事例として紹介されてきた。特筆すべきはこうした高福祉が高負担の裏付けのもとに実施され、国民がその負担を受け入れているということである。対して日本は租税負担に対する抵抗感[lxxii]が強い国である。こうした違いの背景には、政策の良し悪し以前に様々な要因があるのではないか。私は2022年夏、スウェーデンの首都ストックホルムで調査を行った。本稿ではスウェーデンを福祉国家となしている基盤を探っていく。

## ●ウェルビーイングを実現するホームヘルプサービス

スウェーデンでは1992年のエーデル改革以降、医療はランスティング（県）、介護はコミューン（市）が責任を負うようになったことに伴い、事業の実施は民間事業者への委託が主となっている。また、近年、高齢者住宅での介護から在宅介護へのシフトを図っている。こうした在宅介護を支えているのが、ホームヘルプサービスである。2014年時点で65歳以上の高齢者（191万人）の11・6％がホームヘルプサービスを利用しており、4・7％が特別な住居（高齢者施設）に入居している[lxxiii]。

私は、ストックホルムから電車で20分超の郊外にあるÅkeslunds Hemtjänst（オーケスルンズ　ヘムシェンスト）というサービス事業所を訪問した。ここは、40名超の利用者に対し、25名（半分が正規雇用）のヘルパーが対応している。大規模な事業所では利用者も多く、担当するヘルパーは日替わりで、非正規の職員が担当することも多い。それに対し、当事業所は利用者を基本的に徒歩圏内の利用者に限ることで、同じヘルパーが同じ利用者を担当している。

日本ではヘルパーの業務が報告等を含めた事務負担に圧迫されていることが問題となっている。当事業所では、スマートフォンのアプリによって簡単な記録を行う。コミューンはこの記録をもとにサービス提供時間を管理し、事業者へ費用を支払っている。近年、スウェーデンでは街中のキャッシュレス化も急激に進んでいるが、こうしたＩＴ技術の積極的な取り入れもスウェーデン社会の柔軟性と効率性を象徴している。

利用者のご夫婦に話を聞くことができた。ご夫婦でアパートに住んでおり、夫は月に100時間程度の支援が必要である。妻は介護を必要としていないが、あえて夫の介護には積極的に関わらないという。サービスを利用している間に妻は自身の趣味であるコーラスに出かけることもあるという。妻は「これはお互いを愛し続けるための方法なんです。お互いのwell-beingが非常に重要なんです。このサービスがなければここには住めません。」と話す。well-being（ウェルビーイング）は身体的な健康のみならず、社会的にも精神的にも満たされた状態を指す。スウェーデンでは至るところでこの言葉を耳にした。

施設の管理者から話を聞くと、サービスの質が利用者のウェルビーイングに直結すると主張する。だからこそ、自らも議会への働きかけを積極的に行うことで、民間委託による大規模化の流れに歯止めをかけることを提案している。このように、社会課題を見つけたら自らが動き出すのもスウェーデン流である。

## ●住民提案で生まれる公営コレクティブハウス

次に訪問したのは、公営のコレクティブハウスのDunderbackens kollektivhus（ドゥンデバッケンスコレクティヴフース）である。

写真9：左が筆者、右がエリザベス氏　撮影：翻訳スタッフ

コレクティブハウスとは「それぞれ個人のプライバシーを尊重した住まいがありつつ、豊かな共用スペースを持ち、時には一緒に食事をしたり、季節の行事を楽しんだり、子育てなどをする暮らしのこと[lxxiv]」である。日本でも北欧の例にならい民間のハウスがあるが、公営施設はない。訪れたのはストックホルム郊外に位置し、40歳以上の独居者向けの住宅である。住居には共同のジム、サウナ、庭、ＤＩＹルーム、編み物部屋も完備。ガーデニング、食事、清掃などのチームが存在し、住民はこれらに所属することで共同生活の一端を担う。中でもコミュニケーションの肝は食事である。平日は申し込み制で食事をとることができる。一緒につくり、一緒に食べることが「共に暮らす」感覚を養うのだという。家賃は共同空間があるため相場よりも高めである。しかし利用者に話を聞くと、日常の中にちょっとした手助けや支え合いがあるため、総じて生活コストは低いという。

この住宅は公営不動産会社であるFamiljeBostäder（ファミリエボシュテーダー：以下ＦＢ）が設立した。注目すべきは、市民自ら団体活動を通してアイデアを出し合い、計画段階から住まいのありかたをコミューンに提案して完成した点である。代表の一人であるエリザベス氏は「一人住まいで、孤独にならない生活を望んでいました。以前、ほかのコレクティブハウスでのボランティアを通して私もこのような環境で暮らしたいと思ったのです。」と話す。住まいに関するルールは小さなことでも民主的な議論で決める。さらにエリザベス氏は社会的孤立が社会問題となっている現状を踏まえて、コミューンが主体的にコレクティブハウスの設置を行うべきであると主張している。このように、福祉を「わたくしごと」としてデザインしていくための鍵は、参加型の民主主義の習慣化にあったのである。

### ●民主主義の源泉となる主体性――教育と余暇

福祉の現場で共通していた考えはウェルビーイングと民主主義である。特に、政治に自らが積極的に参加し、意見を述べ、時には自ら行動する、こうした姿勢が社会の中で強固な基盤として機能している。象徴的なのはスウェーデンの国会である。観光地である旧市街ガムラスタンの入り口に位置する国会は、一部期間を除いて外国人を含めた一般公開がされており、ガイドツアーでスウェーデンの民主主義の歴史を学ぶことができる。

写真10:スウェーデンの国会議会　撮影:筆者

夏季休暇の期間では、国会が観光客に人気のスポットである。また、子ども向けの政治教育冊子も豊富に存在し、身近に政治の存在を感じることができる。しかしこうした民主主義教育は、単に学校教育などの公的な制度だけの成果ではない。余暇活動などの社会参加の経験を通して、肌感覚として民主主義のもととなる主体性を学んでいく。

滞在中、親子向けの自然教室に参加させていただいた。自然教室には、週末などを利用して家族で参加する。当日は、ガイド役のボランティアと一緒に自然公園の中のフィールドワークに出発する。フィールドワークはクイズ形式になっており、公園に生息する動物や植物を学ぶことができる。そうした一応のプログラムはあるが、子どもたちは自由に自然と交わり遊ぶ。私は、子どもたちの会話に驚かされた。それは、彼らの日常に「議論」があったことである。当日参加したのは小学校未就学の子どもたちである。議論のテーマは「なぜ、地面に這っていたミミズは濡れていたのか」。ある子は、「さっき虫が木を這っているのを見た。雨に濡れた木の上にいたミミズが落ちたんだ。」と言う。別の子は「落ち葉が濡れていて、ミミズはその下から上がってきたんだ。」と話す。彼らはそこで自分で感じたことをもとにお互いが意見を交わし、コミュニケーションを図っている。自然との交わりの中で、五感を育み自分自身で物事を考える習慣をつける。その上で、異なる他者と意見を交えるという経験を幼少の頃から行っているのである。私はその時、まさに今が子どもたちの「主体性」が育っていく時間なのだと思った。

自然散策から戻ったら、参加者が持ちよった軽食やお茶でフィーカをする。フィーカとはスウェーデンの生活習慣の一つで、軽食と共にコーヒーやお茶を囲む、ゆったりとした休息の時間である。スウェーデンでは仕事の合間にも、多くの人がフィーカを味わっている。その時、時間や仕事に追われがちな日常の中でちょっとした「余白」が生まれる。ちょっとした会話から、新たな発見やアイデアが生まれることもあるのだ。

## ●スウェーデンを支える三つの基盤

私はこうした体験から福祉国家スウェーデンの基盤を実感した。それはウェルビーイング、民主主義、主体性という三つの要素である。ウェルビーイングは誰もが自分らしく豊かに生きる権利がある、という考え方であり、私が出会ったスウェーデンの人々が必ず口にしていた言葉である。また、ここでの民主主義とは「誰もが参加することができ、お互いに尊重され、意見が反映されていくシステム」であり、社会構成員はそのシステムを動かすために自らが主体的に行動している。政治の役割は人々が自身の価値観を実現でき、そのために行動できる環境を整えることなのだ。したがって、必然的に教育プログラム・若者施策もまた社会参加を促進するシステムとなっている。

実際、スウェーデンではフェレーニングと呼ばれる民間の非営利団体による余暇活動が盛んである。35歳～54歳の成人の約7割、25歳～29歳の若者も同様に70％がこれらの団体に所属し活動している。団体には、住宅管理のための消費者団体や労働組合などの利益者団体、またNPOのような非営利団体など多様な自主組織としての形態がある[lxxv]。こうした環境で育ってきた若者にとって社会参加はごく自然な営みなのである。

スウェーデンの若者支援を研究している両角達平は日本の教育や子ども・若者支援との決定的な違いは「民主主義である」と述べる。その上で、「民主主義が理念として掲げられているだけでなく、それが高い投票率や社会参加へと結実しているのは、若者の現場だけではなく社会のあらゆる側面で民主主義が意識され、取り組まれている結果ではないだろうか[lxxvi]」と問いかける。

確かに、先述した三つの基盤要素—ウェルビーイング、民主主義、主体性—を部分的に実践して活動している日本の団体もあるだろう。しかし、活動の現場で民主主義はどこまで実践されているだろうか。誰もが参加できる場である一方、一部の人の意見が通っていないだろうか。あるいは、よい目的の活動であっても、閉じられた空間になっていないだろうか。これらは、実践活動としてコミュニティづくりに参加してきた私自身への大きな問いかけとなった。

時にコミュニティは非制度的な福祉サービスを提供し、困りごとの解決へ導く場として機能する。それと共に、スウェーデンでは余暇活動をはじめとする様々なコミュニティが福祉を支える三つの基盤を生み、育み、そして実践していくための場として機能している。次章ではこれらを踏まえ、日本におけるコミュニティの役割をケースごとに整理して、福祉システムの一環として求められる役割を再検討する。

## 【番外編】文化基盤が生まれた歴史――創られた属性

私たちは他国と自国の比較を行う時、「日本とスウェーデンでは文化が違うから」という一言で一蹴してしまうことがある。

それではスウェーデンの福祉国家としての文化基盤はどのようにして根付いていったのだろうか。少し歴史を振り返ってみよう。

スウェーデンは歴史的にローマ帝国の外にあったことや、ヴァイキングの文化の影響で封建化が限定的にとどまった。そうした中で、スウェーデン議会の起源は15世紀にまでさかのぼる。その後、17世紀には軍事大国となるが、１７１８年に大北方戦争での国王の死を契機に、18世紀には「自由な時代」が訪れる。当時の議会政治の先進度はイギリスをしのぐといわれ、１７６６年には情報公開法の先駆けといえる「新聞の自由に関する法」が制定された[lxxvii]。こうした「見える」政治によって、国民と政治の信頼関係が生まれていく。こうした関係は戦後スウェーデンの議会政治に引き継がれ、合意形成型の意思決定システムを育んでいく。

19世紀中期までのスウェーデンはヨーロッパの周縁に位置する貧しい農業国であった。慢性的な食糧不足に悩まされ、スウェーデンからアメリカへの移民が多くいた。工業化も他の北欧諸国に比べ遅く、

19世紀後半から20世紀前半に訪れた。ここから、スウェーデンは急速な工業化を遂げる。鉄鉱石や木材などの豊富な天然資源があったことや、通信・交通手段の発達などがその要因といわれている。これらのハード面に加え、とりわけ、教育水準の高い労働力は社会の成長の大きな原動力となった。日本では明治政府による近代化政策の一環として1880年代に学校制度が整えられた。他方、スウェーデンでは工業化以前の1842年にはすでに学校法が導入され、公的に運営される初等教育学校制度が創設された。ルター派の国教会の一教区当たり最低一つの常設学校が設置され、すべての児童は無料で教育を受けることができたのである[lxxviii]。学校教育は、工業化のための労働者の育成に寄与するにとどまらず、民主主義の質を高めることにも一役買ったことも想像に難くない。

こうして工業化が進む中で、産業労働者を支持基盤とする社会民主労働党（社民党）が台頭する。スウェーデン型福祉社会を表す言葉として有名なのが「国民の家」である。この概念を提唱したのが、大恐慌時代、第2次大戦時から終戦直後と二度にわたり首相をつとめた社民党のP・A・ハンソンである。国民の家とは胎児から墓場までの人生のあらゆる段階で、国家が「良き父」として人々の要求・必要を包括的に規制・統制・調整する「家」の機能を演じる社会である[lxxix]。こうした概念のもと、戦後も社会政策を推し進めてきた。しかしながら、その福祉政策の内実はウェルビーイングとはかけ離れたものだったのである。

こうした状況に一石を投じたのが、スウェーデンの作家イーヴァル・ロー＝ヨハンソンであった。1949年に老人ホームを訪問した際の記録で、写真付きルポルタージュの『老い』を出版。1952年には、高齢者の処遇改善など目指した論考である『スウェーデンの高齢者』を出版した。そこに描かれていたのは、当時の施設で「座して死をまつ」高齢者の姿だった。ヨハンソンは、著書の中で、かつて一族が老人を突き落とした崖といわれたエッテステューパ（日本の昔話に登場する「をばすて山」に類似している）になぞらえ、老人ホームの現状を鮮明にあぶり出す。その上で、高齢者福祉のありかたに二つの選択肢があるとする。一つは「高齢者を、彼らが活動的になれるような人生の新しい段階へと移行させること」である。そして、もう一つの選択肢は「瞬時になされ、かつ痛みを伴わないような思い切った方法で老人達に死をあたえること」である。その上で、当時の老人ホームを「無自覚なままに、素朴な良心に基づく危うさで後者の道を歩みつつある[lxxx]」と指摘するのである。ヨハンソンの著書は、スウェーデン社会に大きな論争を呼び、後にスウェーデンの高齢者ケアが施設型から在宅ケア中心となる源泉になったともいわれている。もちろん、ウェルビーイングの考えを彼一人が広めたわけではないだろう。しかし、こうしたジャーナリズムによる問題提起に始まり、研究者、政治家、国民とあらゆるアクターによる議論の中で発展していった。その積み重ねが現在のスウェーデンの文化になっているのである。年数にすると戦後からの約70年である。ヨハンソンの著書の日本語版の編訳者の一人である西下彰俊はあとがきにて、「福祉国家は、国家の誕生とともに『属性』として備わっているものではなく、『創られる特性（emergent property）』なのである。スウェーデンがまさにその先進例であるといえよう[lxxxi]」と述べている。

もちろん、「創られる特性」には時間がかかるものもあろう。先述のとおり、18世紀から続く合意型議会政治に代表される民主主義はまさにそれにあたる。しかしながら、こうした伝統さえ「属性」そのものではない。民主主義への道をミクロに見れば、日々の誠実な実践の蓄積なのである。明治憲法のもと日本に議会ができてせいぜい１３０年。まだまだ私たちの民主主義は「創っている」真っ最中といえるのではないだろうか。

# 第5章

# 地域コミュニティのささやかな革命

**ポイント**

▽筆者の定義する「福祉共創コミュニティ」とは、複雑で多様な福祉課題の解決に向けて、主体的で相互性のある取り組みを行う地域コミュニティを指す。
▽「福祉共創コミュニティ」には、窓口機能、連携機能、教育機能、ゆるいつながり機能、役割提供機能がある。
▽一つのコミュニティがすべての機能を担うのではなく、多様なコミュニティが各々の特性に合った機能を担う。

## ●共生から共創へ——地域の共創コミュニティ

前章では、スウェーデンを例に、福祉国家を支える、三つの基盤——ウェルビーイング・民主主義・主体性との出会いを描いた。これは、私の活動にとって大きな転換点になった。私は、地域のコミュニティに活動拠点を絞ることとした。生活に最も身近な支え合いの場として、かつ文化基盤を育む場として、コミュニティが福祉システムの中で求められる役割を再検討する。日本の地域社会という大切な資源を活かしつつ、私たちはどのような実践を行っていけばよいのだろうか。三つのケースに分けて検討していきたい。

## ケース①　地域福祉の担い手としてのワーカーズコレクティブ

一つ目のケースは第2章のケース③でも取り上げた、横浜市のNPO法人が運営する多世代交流サロンである。身近な困りごとをサロンの場で共有することで、ある時はボランティアとして、またある時はサービスの利用者として、誰に対しても開かれた地域参加の場である。ここは、一人で抱え込んでいた困りごとを初めて誰かと共有する「窓口」として機能している。また、日常的に地域包括支援センター等の生活支援担当者が頻繁に出入りしていることも印象的であった。このように行政支援との接点を日常的に持つことで、福祉「連携」拠点としての機能も果たしている。

また、当法人はワーカーズコレクティブである。ワーカーズコレクティブとは、①地域の困りごとなどに対して同じ思いを持った仲間が集まる非営利市民事業、②必要な資金を自ら出資、③全員が経営者として経営と結果に責任を持ち全員で働く、④雇用形態を持たない[lxxxii]、という特徴を持った協同組合である。イタリアでは地域福祉の主要な担い手として1960年代以降運営されてきた[lxxxiii]。民主的運営が行われることが前提であり、また当事者性が高い活動であることから主体性も高い市民組織である。したがって、運営に参加し、活動していくこと自体が「民主的な議論の経験」ともなりうる。

一方、こうした団体の活動は自治会や地縁といったクローズドな関係性を基盤としつつ、実施されていることもある。そうした場合、新しいメンバーが参加する際に、ハードルを感じる方も少なからずいるようだ。その結果として、担い手の高齢化や利用者の固定化といった課題を抱えているのも事実である。ちなみに、2020年に労働者協同組合法が制定され法人化が可能となった。これを契機として、若い世代による身近な困りごとを事業化する形態としてワーカーズコレクティブの可能性が広がるかもしれない。

### ケース② テーマ型コミュニティ×地域コミュニティ

一般社団法人リトルハブホームは茅ケ崎市で子育て支援・虐待防止に取り組む団体である。2022年の法人化以降、私もイベントの企画などを連携して行ってきたが、2023年4月からは事務局長として活動に参画することとなった。

家庭で様々な背景を持つ子どもにとっては、何か困りごとがあっても安心して話せる大人や気軽に立ち寄れる居場所がないことが課題となっている。そこで「おむすび勉強会」と題して食事付き学習支援を定期的に実施し、家族や学校とは異なる関係づくりを行っている。

当法人の強みの一つは、代表理事の岩崎愛氏をはじめ、法人スタッフが子ども支援の現場を経験している点である。単なる学習支援ではなく、専門的知見から子どものパーソナリティや家庭が抱える現状を踏まえた「見守り」環境づくりを目指している。さらに、地域の古民家一軒家を常設の拠点としていることも大きい。コンセプトは「おばあちゃんちの縁側」。いつでも気軽に立ち寄れる一方、心理的安心が担保されるクローズドな空間を提供できる場所を探した。また、地域自治会や26を超える連携団体とイベント企画等で協働し、地域の横のつながりも拡大中である。

これは個別の社会テーマに対し、地域の住民と当事者意識を共有しながら一緒に解決に向けて取り組む拠点づくりといえる。ボランティアの多くが日常生活で意識することがなかった「地域の子どもの現状」に対して、この活動をきっかけとして取り組みたいと考える住民である。それとは逆に、地域コミュニティよりも個別の社会テーマへの関心から活動に参加する方もいる。普段は仕事などで忙しい世代も、興味あるテーマで自由に参加でき、またそうした活動が多様に芽生えていることが地域参加へ誘うきっかけとなっているのである。

また、団体で活動をしていく中では現実的な課題も多い。ヒト・モノ・カネのほか活動アイデアや自治会の文化や慣習もその一つである。これら課題に対して地域の住民が自分でも何かできるのではないか、と自らの「役割」を実感することで、解決策にたどり着く可能性が開けてくる。社会保障法学者の菊池馨実は「地縁型コミュニティとテーマ型コミュニティが、縦軸と横軸の網の目のように、いわば重層的に折り重なって地域に存在することで、『共にある』ことが実感できるコミュニティが構築されていく[lxxxiv]」とする。岩崎氏は「地域に小さなハブをたくさんつくりたい」と話す。人々のつながりが生まれるハブ、支え合いのハブ、福祉連携のハブなどこのハブという言葉には多様な意味が込められている。こうした活動が多様化していくことによって、制度の「狭間」を補い合う支え合いが充実するだけではなく、福祉が日常にあるという確かな実感を生んでいくだろう。

写真11：右から一般社団法人リトルハブホーム代表理事岩崎愛氏、筆者、法人理事２名

## ケース③　気軽で楽しいサードプレイス

私は現在、こうした活動の傍ら川崎市中原区の飲食店「天然素材蔵」と連携して、社会課題を取り扱うワークショップを定期的に企画している。取り扱う課題は、子育ての孤立、ジェンダー、相対的貧困など月

替わりで設定している。こうした社会課題と普段は距離のある飲食店の顧客を主な対象として、行きつけのお店で新たな発見が生まれる場をつくりたいと思い立ち上げた。

ワークショップでは社会課題の発見という目的もさることながら、参加者同士の新しい出会いが生まれている。自らと全く異なる背景や人生を歩んでいた他者と出会い、新たな関係を構築する機会となっているのである。これは自らを省み、また他者と共に生きることを実感する経験といえるだろう。他にもこの店舗では飲食店スペースを活用して、ゲームイベントや麻雀のネット配信など、「楽しくゆるく」つながる場づくりに取り組んでおり、活動の収益は子ども食堂などの社会活動に寄付している。

ここでの活動は、家・職場と異なる「第3の居場所（サードプレイス）」に類似する。レイ・オルデンバーグはサードプレイスの特徴として、いくつかの条件を提示している。その中の一つが「遊びごころ[lxxxv]」である。私はある日、深刻な社会課題に関して話す際、ついつい眉間にしわを寄せて話をしてしまっていることに気が付いた。そうした空気は、異なる他者を寄せ付けない。誰もが気軽に参加できる楽しい関係が時に大切なのではないだろうか。

慶應義塾大学総合政策学部教授の宮垣元は「コミュニティをどのように創るかのみならず、ヒューマンサービスにとってどのようなコミュニティを創るか[lxxxvi]」が重要だと説く。こうした観点からも社会課題―特に福祉課題―と接点を持っているコミュニティが多様に存在することの意義は大きいのである。

## ●福祉共創コミュニティの可能性

私は複雑かつ多様な福祉課題に向けて、主体的で相互性のある取り組みを行うコミュニティを「福祉共創コミュニティ」と定義したい。その上で、民主的な福祉共創コミュニティを地域において百花繚乱に興していくことこそ、ビジョン実現に向けた非制度的な第一歩であると考える。その機能を大きく分類すると以下であると考える。

1. 窓口機能：地域の多様な福祉ニーズが集まる窓口となる。
2. 連携機能：多様な人材・アイデアを連携して複合的な福祉課題に対処できる。時に行政連携の場としても機能する。
3. 教育機能：運営を通して対話経験（民主主義の経験）を積むと共に、これまで気が付かなかった社会課題への理解が深まる。
4. ゆるいつながり機能：楽しくいつでもつながれる関係によって孤立を防ぐ。
5. 役割提供機能：活動を通して誰かの役に立つやりがいを提供する場になる。

前章で紹介してきたとおり、これらの機能を一つの団体が満たす必要はない。民主主義的運営と福祉課題への接点を条件として多様な形態のコミュニティが生まれ、各々が役割を果たすことが重要であると考える。その結果として、身近な困りごとに対してコミュニティが最適な非制度的福祉サービスを提供することができる。さらには、こうした社会課題への認識がコミュニティから広がっていくことによって、国・自治体の制度が普遍化の方向に改善されていくという好循環を生み出すのではないだろうか。

## ●持続への課題と「奔役者《ほんやく》」によるエンパワーメント

一方で、活動をしていく中では現実的な課題も多い。「人」の課題は、その最たる例だろう。地域での活動の担い手の多くはボランティアに頼らざるを得ない。無理に開所日を増やそうと思うと、一部のボランティアに負担がのしかかる。有償ボランティア制度を活用するために補助金申請を検討したり、ボランティア養成講座を開催して新規のボランティア流入に力を入れている団体もある。しかし、ボランティアは他の地域活動や市民活動と掛け持ちをしている方も多く、人数の確保は大きな課題である。また、ボランティアだけでなく、団体スタッフ自身も生活を切り詰めて運営をしている場合も多い。そうなると、いつしか活動が「楽しみ」から「業務」へと変わっていく。活動を続けることが苦しくなっていく。

「資金」に関しても慢性的な課題がある。事業の性質上、収益により自主財源を確保することは簡単ではない。したがって、補助金が重要な財源となる。しかし、補助金を活用するには支援対象者を「特定」し、成果を明確化しなければいけないという、ここでも「特定化」の課題にぶちあたる。例えば、高齢者、障がい者、子育て支援など事業の対象を明確化した上で、事業の成果を可視化する必要があるのである。実際のコミュニティづくりの現場では、多様な背景を持った地域の住民が、多世代でのつながりをつくっている。そして、こうした関係性は「支援する側」と「支援される側」を超えた関係性の構築につながる最も重要なコンセプトといえる。しかしながら、制度上は、事業が対象とする「困りごと」を特定しなければ資金を手にすることができないことが多い。また、こうした補助金の申請業務は煩雑な書類作成が伴う。日常的に行政文書や補助金申請に携わっていなければ理解が難しい規定もあり、活動を行う市民にとっては大きなハードルである。

それでも、これらヒトとカネの課題に関しては、質と量が十分かはさておき、これまで行政支援の対象となってきた。そうした中で、福祉共創コミュニティを継続させていくための最も大きな課題は「地域文化」との調整かもしれない。地域に根付き、地域のさまざまなつながりを広く活かしていくためには自治会や町内会といった長年地域づくりに携わってきた住民との関わりが欠かせない。実際には、こうした地域組織と活動団体との間で、地域慣習や組織文化の違いなどで誤解が生じたり、ハレーションが生まれることもある。だからこそ、地元との丁寧なコミュニケーションを通して、活動を進めていく必要がある。

私は、こうした課題解決のキーマンが、「奔役者《ほんやく》」の存在であると考える。「奔役者」とは、翻訳者をもとにした造語であり、①セクションをまたいだ翻訳ができる人材、②自らが求められる役割を果たし、地域で奔走できる人材、という意味を持つ。例えば地元出身の「奔役者」は、地域と団体との間を取り持ち、率先して地域にとっても期待される役割を果たす。また、行政経験や市民団体の運営経験のある「奔役者」は、補助金申請の際や、福祉部署との連携の際にお互いを接続する役割を果たす。誰しもが、自分ならではの経験や視点を持っている。それを活かして、ほんの少し手を伸ばしてみて、今はまだない関係性を活動に紡ぐお手伝いをしていただく。現在、転職経験者やフリーランスなど、パラレルなキャリアを歩む人が増えている。多様な領域の経験は市民活動にとっては大きな財産である。彼らが市民活動に参加していくことが福祉共創コミュニティの持続の鍵を握っている。

そして、忘れてはならないのは、行政側、コミュニティ側の両岸にこうした「奔役者」がいることにより、その効果は増していくということである。第2章ケース①で紹介した、豊中市のCSWは、行政の側からの好例となっている。このように行政側にも、顔が見える範囲で地域を耕しつつも、協議会での議論や事業立案に携われる権限を持つ「奔役者」の存在が求められている。

# 第6章

# 「ボクらのニッポン」を創る

## ―未来の社会保障エコシステム構築に向けた提言―

社会保障エコシステムビジョン図

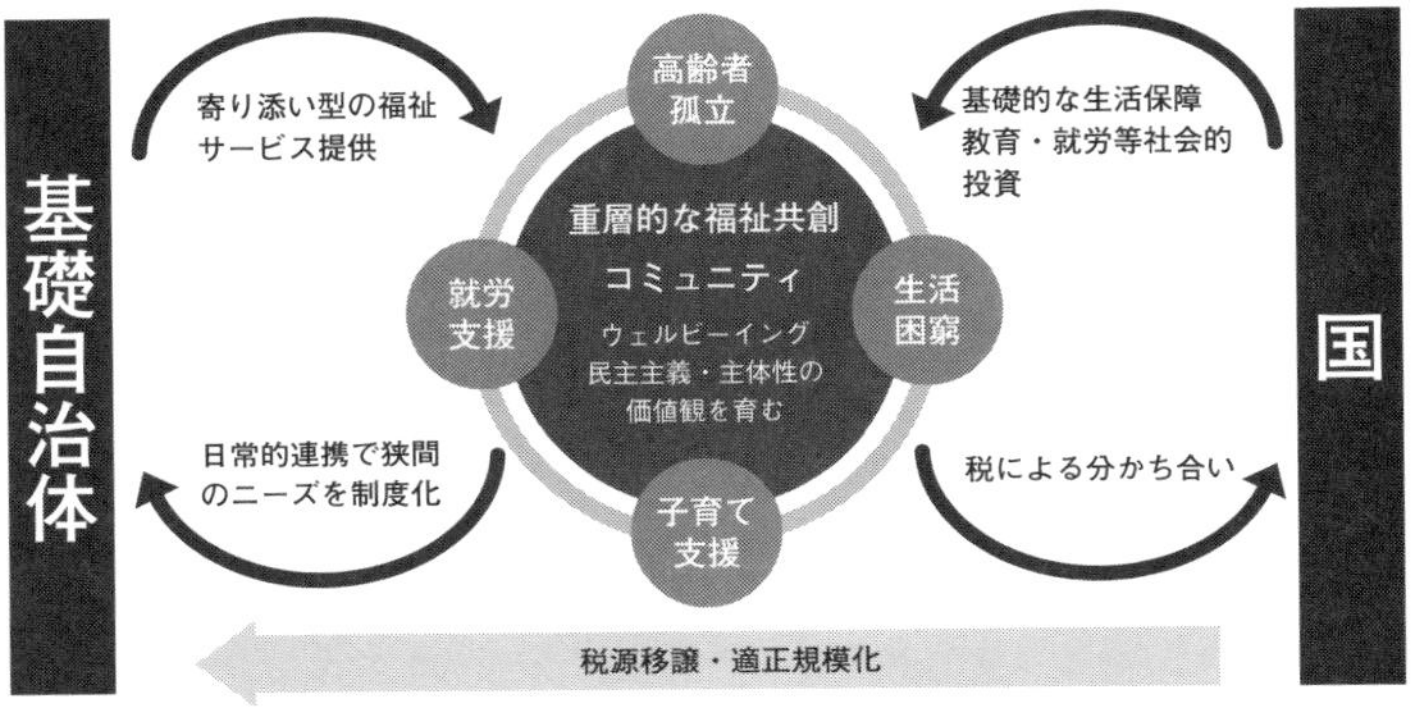


図11:筆者作成

これまで、ユニバーサルな社会保障制度、それを機能させる重要な鍵である福祉共創コミュニティ、そこで培われる文化について論じてきた。こうした議論を総括し、私が提案するユニバーサルな社会保障エコシステムのイメージを描いたのが図11である。

国、自治体、福祉共創コミュニティ、時には教育機関や民間企業まで含めた各アクターが役割を主体的に果たし、有機的に結びつく。このように社会全体でエコシステムを形成することで、市民の間に「支え合い」の文化を粘り強く醸成していく。こうしたビジョンの実現に向けて主要な五つの政策的提言と二つの補足思案を以下に記す。

## 提言1（国）：生活保障の実現——給付付き税額控除の導入と住宅手当の拡充

国家としての役割は現金給付を中心とした基礎的な生活保

障である。こうした制度の「狭間」の家計苦を補うものの一例として、補完型所得補償の構築が必要であると考える。給付付き税額控除はフリードマンの「負の所得税[lxxxvii]」という言葉でも表現されるように、所得控除基準に満たない国民に対し、差額×税率分を税額控除（実質の現金給付）するものである。つまり、これまで所得が低く納税ができなかった人には、むしろ所得に応じた給付をすることによって生活をサポートしようという考えである。当制度の海外事例には様々な制度設計がある[lxxxviii]が、労働の拡大を促す観点から個人の勤労所得とリンクした制度設計を提案する。所得保障が議論になる際に、問題になるのが「給付をもらうと、働かなくなってしまうのではないか」という議論である。一律に現金給付を行う、ベーシックインカムに関してはこうした批判が寄せられることも多い。しかし、給付付き税額控除は所得とリンクさせるため勤労意欲を減退させることがないと考えられる。結果として、給付依存のモラルハザードを回避できるというメリットがある。これにより、所得を得る手段がフルスペックの労働か生活保護等の福祉給付か、という狭い二つの道の間に橋を架け、生活の保障にグラデーションをつけることができる。また、現在の所得税制度においては様々な所得控除の仕組みが、煩雑さを生み、制度への理解の妨げにもなっている側面がある。将来的には、当制度を活用し、所得控除のスリム化を図ることも可能となるであろう。さらに、第2章ケース④で論じた、住宅手当の拡充を提案する。海外の事例をみると一定の所得以下の若者世帯や子育て世帯、年金生活者を対象としているケースもある。

支給額は世帯人員や世帯所得に応じて決定する。現行政策の住宅ローン減税などに代表される、持ち家を対象とした住宅政策をも含めた、包括的な住宅手当を創設することで、ライフコースニュートラルな政策に転換する。

イギリスでは公的扶助を含めた給付の仕組みを、2013年からユニバーサルクレジットという仕組みに一本化している。以前の低所得者向けの給付制度は、児童税額控除、住宅手当、所得支援（生活保護に近い制度）、所得調査付き求職者手当（失業手当に近い制度）、所得調査付き雇用支援手当（健康上の理由や障がいがあり就労できない者への給付）、勤労税額控除の6本の仕組みで構成されていた[lxxxix]。統合後は、所得支援をベースに加算項目として金額に反映される。この制度により、複雑になっていた控除の仕組みを簡素化できたことは大きなメリットである。しかしながら、就労条件を満たさない場合、支給停止が行われるなど厳しい罰則がある。また、給付決定まで時間がかかることから、コロナ禍など対応の緊急性が高い場合、十分に対応できないケースもあったという。こうした制度の効果検証を進めつつ、将来的な政策づくりの参考としていく必要があるだろう。

## 提言2（国・自治体）：ベーシックサービスの実現――教育の無償化の「徹底」と社会サービス提供基盤の確保

医療、介護、子育て、障がい者福祉といった生活に必要となる社会サービスを無償化する。これは、「誰か」の困りごとを特定することなく、「誰もが」利用できる権利として捉え直す普遍主義に基づいた改革である。特に改善の余地があるのは、子育て支援である。

児童手当の所得制限の撤廃（生活負担の緩和）、高校生までの延長などをはじめ、高校の授業料完全無償化、医療費無償化、0歳～2歳児支援など、やることは山積みである。教育行政・財政の専門家である末冨芳は「子育て罰」といわれる現状を踏まえ、児童手当・教育無償化について普遍主義を基盤とした「子ども給付の総合パッケージ化」を提唱している[xc]。また、こうした観点では大学授業料の無償化も重要な論点である。近年、奨学金の返済に苦しむ若年層が社会問題になっている。こうした生活苦の観点に加え、学びには潜在的な社会の原動力になる可能性がある。大学の無償化が進むことにより、社会人になってからも学びの必要性を感じ、キャリアチェンジを図ることも可能になる。産業構造が目まぐるしく変わる中で、一生学び続けることができる環境を整えるのは社会の責務になりつつあるのだ。

医療・介護・障がい者福祉においても、ケアサービスの負担を引き下げる。この負担とは、金銭的負担と心理的負担をも含めたものとする。結果として、ライフステージにおいてトラブルが起きても、安心してサービスに頼ることができる。自己防衛として貯蓄を促す社会とは逆の発想である。また、ベーシックサービスは現金給付と異なり、本当にサービスが必要な人が利用する。まさに、ダイレクトに国民の「生」のニーズを満たすことができるのである。

こうした現物サービスを主に現場で提供するのは、基礎自治体の仕事となる。制度としての無償化を行うだけでなく、実際に支援が必要な市民がサービスにアクセスできる環境整備を進めることが必要である。地方においては、医療や介護サービスへのニーズが高いにもかかわらず、物理的に資源が届かないというケースも珍しくない。集約型拠点の活用や、訪問型サービスの提供といった工夫が求められる。また、こうした制度の持続性を高めるためにも、介護予防、予防医療・アプリ等を利用したプッシュ型子育て支援、といった予防的支援体系を自治体で構築する必要がある。

## 提言3（国）：公平で共感性の高い税制の実現――税の公平性の強化と合意形成機能の回復

国のもう一つの重要な役割は、幅広い財源確保への合意形成である。つまり、国民が負担のありかたを「公平である」と考え、共感が広がるような財政のデザインが求められている。そのためには、財源調達には税を原則的には利用すべきであると考える。社会保険料増額といった「目に見えない」増税は、国民による議論が深まらず合意形成機能を毀損しうる。国民自らが、社会サービスに納得し、負担を受け入れる議論プロセスが重要である。

その上で、公平性の観点からも、個人所得税のうち金融課税の強化を提案する。すでに第3章で指摘したとおり、現在、株式等の譲渡所得への課税は定額約20％の分離課税となっている。具体的には、株式等の譲渡所得にかかる税率を20％から引き上げ、30％とする。経済学者の小黒一正は２０１９年度の税収を参考にすると、この引き上げにより3兆円程度の税収増が見込めると指摘する[xci]。一方、課税によって株式市場への影響が出ることへの懸念も根強い。これに対し、小黒は２０１４年度の証券税制改革の例をあげる。当時、ＮＩＳＡの拡大などとあわせて、税率を10％から20％に見直した。それにもかかわらず、株価は一時的に下落をしたものの、金融緩和の継続の影響もあり、上昇の一途をたどったのである。このように、金融課税がすなわち株式市場の暴落に直結するかといえば、それは一面的な見方であるといわざるを得ない。将来的には、選択的な総合課税化も視野に入れつつ、議論を進める必要があると考える。また、これら金融課税とあわせて、相続税の適用対象者の拡大、税率の引き上げも検討の余地がある。こうした改革は世代間格差の是正という観点からも論点となりうるだろう。

次に法人に関する税制にも目を向けてみよう。２０２２年8月20日、日経新聞が一面で「繰り返す法人税ゼロ[xcii]」との見出しで、巨額の利益を上げている大企業が法人税を払わずに済んでいたり、平均の負担率も中小企業よりも低いという現状を報じた。こうした大企業への法人税優遇措置を見直し、適正な徴税を可能とすることも重要だ。さらに、2022年度の企業の利益剰余金(いわゆる内部留保)は554兆円[xciii]となり、過去最高を記録している。この数字はこれら内部留保に対して、時限的にでも課税を強化することで、数兆円規模の財源となりうることを示している。

以上のように、応分の負担を社会で分かち合うことで、公平性の高い税制へと組み替えていく。

こうした公平性の課題に取り組んだ先には、消費税も含めた課税ベースの拡充等も視野に入れる。消費税は貧しい人も富裕層も同じ金額をおさめることから、逆進性のある税制といわれている。しかしながら、財政社会学者の井手英策はこうした議論に対し、税制全体で累進的な機能を担保すること、社会保障給付を強化することで格差是正にあたることを提案し反論している[xciv]。その上で、社会全体で広く負担を分かち合うことで、改めて富裕層や大企業にも負担を説得できる、と主張する。消費税は令和5年度(2023年)の予算ベースで国税収入のうち31・4%を占める基幹税の一つである[xcv]。1%当たり、2兆円~3兆円の税収となり、大きな財源となる。

もちろん、消費税には文字どおり消費にかかるブレーキの機能があることも忘れてはならない。景気の調整弁が逆流しないよう、そのタイミングは慎重を期す必要がある。そして、全体の財源確保には、他の税収や特例国債の発行などの「組み合わせ」の検討が必要であろう。こうした財源論に正面から向き合いつつ、負担側(特に中・高所得)の合意が可能な公平感のある政策パッケージとして提示することが必要になると考えられる[xcvi]。

## 提言4（自治体・市民）：共創型コミュニティ支援を主要政策化――地域のハブ人材育成とプロセス評価の導入

基礎自治体が担うのは、きめ細やかな生活の困りごとに合わせた現物サービスの給付である。現場で様々なアクターと連携しつつ伴走していく。そして、その中で見えた新たな課題を、制度化していくような関係づくりこそが基礎自治体の役目であると考える。こうした基盤になるのが「支え合い」を共に創る、共創コミュニティである。こうした取り組みには、コミュニティソーシャルワークの視点が欠かせない。あらゆるアクターをつなぎ、地域のネットワークを構築する、まさに「地域を耕す」取り組みである。したがって、顔の見える範囲で地域を耕しつつ、協議会での議論や事業立案に携われる権限を持った行政職員の配置が必要であると考える。こうした役割を担うのは必ずしも、専門職としてのCSWだけとは限らない。むしろ、行政側だけに権限集中型のCSWを配置するより、各現場の福祉従事者や地域活動参加者の中での人材が育つことが望ましい。こうした観点からも、行政側にはハブ人材の配置を、コミュニティにはハブ人材の育成を促進する事業を政策化することを提案する。事業では、座学や実習を通したスキル養成に加え、実際に地域活動に取り組む方々のマッチングやネットワークづくりの補助を行う。自治体が共創コミュニティのプラットフォームとなりつつ、現場活動のキーマンの横のつながりの構築を目指す。行政もまた、支援団体との連携を強化することができ、事業者や団体としても実際の活動の発展につながるネットワークを構築することができる。その結果として、安心感ある地域づくりが進んでいく、という三方よしを目論む。各自治体では独自の取り組みとして連携イベントを打ち出している所も多いが、一過性の盛り上がりで終わってしまったり、属人的な面も強いのが現状である。

さらに、継続的な共創コミュニティそのものの維持に対する支援も強化すべきである。従来、福祉、高齢、障がい、子育てなど困窮課題への支援が行われきた。団体は、こうした縦割りの補助金を確保するために、支援対象を特定し成果目標（○○人の参加、○○人への支援実施など）を定める。しかし、多様な背景を抱える対象を支援している団体や事業者にとっては、活用をしづらい補助金になっている。また、実際の運用にあたっては、事務費や家賃、人件費といった事務管理費がかかる。従来型の事業ごとの補助金だと、事業費用以外の費用が対象とならないケースもあるのだ。例えば、子ども食堂を実施した際、当日の人件費や食糧費は出るが、他の日に他の事業の事務作業と一緒に準備をしていた事務費は対象になりづらい（対象になっても厳密な労務管理が必要となる）、などのことが考えられる。こうした運用を避けるべく、ある程度包括的な観点から補助金の制度を設計する必要があると考える。また近年、「子ども食堂」が話題になるにつれ、子どもの居場所支援などにまつわる補助金・助成金の新設が目に入る。一方、他の福祉分野や居場所づくり「そのもの」への理解は十分に深まっているとはいいがたい。このように、制度設計そのものの考え方の転換が必要ではないだろうか。これらのコミュニティ事業の最大の課題は事業評価の難しさにある。支援対象の状況改善度のみならず、事業プロセスに着目した指標で評価していくことが重要だろう。

## 提言5（国・自治体）：地方分散型社会へ――社会サービス向上のための地方分権

地域のニーズに合った多様な福祉サービスを提供するためには、地方が主体となった立案が必要となる。それは必然的に、地域の資源を活かし、可能性を再発見していくことにつながる。それには中央から地方への権限・財源の移譲が欠かせない。権限において財政学者の神野直彦は地域コミュニティ・地域社会・市民社会といった社会システムを基盤として、それに対応した基礎自治体・広域自治体・国といった統治機構を編成する重要性を説く。その上で福祉や教育という対人社会サービスは、機能性の観点、参加型の民主的な自己決定がしやすい点から基礎自治体が責任を持つ。フランスにおけるコミューン（基礎自治体）、スウェーデンにおいてはコミューン内の自発的組織としての地区委員会がそれにあたるとする[xcvii]。地方分権を検討する際には、再編がこうした原則に基づいてなされることが重要であるう。その上で、こうした自治体の適正規模の議論を加速させつつ、その過程で基礎自治体組織間の役割の明確化がなされる必要がある。

予算においては現在の一般的な地方自治体の財政弾力性を考えても、一般会計を財源とした独自事業を展開する余地は非常に少ないといえる。したがって、地方税への大幅な税源の移譲を提案する。例えばスウェーデンでは個人所得税の大半が地方税であり、地方自治体の税収の多くを占めている。ストックホルム市では、コミューンへの税が17・74%、ランスティング（広域自治体）12・08%[xcviii]となっており、予算の観点からも住民自治の姿が見て取れる。非行政アクターによるサービス提供者が増える中で、それを支える自治体側も財源の議論が行われなければ絵に描いた餅であると考える。

## 補足思案1（国・民間）：ウェルビーイングな雇用環境の実現――松下幸之助の週休二日制を例に

生活の困りごとの構造的な課題の一つが、日本の雇用環境にある。安定した雇用はあらゆる生活の基盤である。現在も取り組まれている最低賃金の引き上げや、同一労働同一賃金などの取り組みを継続的に続けていくことは大前提である。特に、介護職員や福祉職員の待遇改善は急務である。あわせて、福祉の現場におけるＩＣＴの活用を加速度的に進めることで、業務負担の解消につなげる。結果として、利用者に対してもウェルビーイングを大切にした福祉サービスを提供する余裕が生まれる可能性がある。

また、生活の中にも時間的精神的ゆとりがなければ、社会活動に参加したり、子育てを味わうことも難しいだろう。私は、日本における雇用問題を「飯が食えるか」問題から「ウェルビーイングの危機」として捉え直す必要があると考える。

ここで想起されるのが松下幸之助の経営方針である。松下は松下電器産業で１９３６年に国の制度に先駆けて月休４日制を採用した。

その際、「従業員の指導育成の面から深い配慮を払い、休日が増えたために、遊びに時を過ごし、健康を害したりすることのないように、月４回の休日のうち２回は休養に、２回は修養に当てるように望んでいる[xcix]」として当時、月２日休暇制だった日本で週休制を導入した。その後、高度経済成長期を迎えた国内産業では、労働の生産性を上げる必要が一層高まっていった。そんな中、１９６５年には「一日を休養に、一日を修養に」という考えを軸に、他に先駆けて週休２日制を導入したのも松下であった。現在、ＡＩをはじめとした技術革新により、世界中で労働生産性の向上が大きな課題となっている。日本マイクロソフトは２０１９年試験的に週休３日を導入した。その結果、労働生産性が40％向上したとの報告もある[c]。休日を増やすことによって、互いが業務をシェアする必要性が高まり、業務分解を通した効率化が進むという補足的効果も期待されている。もちろん、業種による適性や全体での労働時間調整の必要があるなど課題も多く、全企業に一般化できるものではないだろう。それでも、こうした取り組みは、日本の長年にわたる低い労働生産性にメスを入れつつ、地域活動や社会参加に費やす「ゆとり」を生み出す働き方になるかもしれない。「一日を休養に、一日を修養に、一日を公養に」を目指すのはどうだろうか。

また、行政職においても兼業の推進、自治体・民間事業者間の人事交流を活発化することで、パラレルキャリアの構築を支援する。そのことによって、行政人材の中に「奔役者《ほんやく》」人材になる素地が生まれる。これは、福祉やまちづくりの分野に限らず、商工・観光といった「攻め」の部署においても民間事業者とシナジーを生むための人材育成の芽となるのではないだろうか。

## 補足思案2（国・自治体）：政治による情報公開と信頼の回復

こうした改革を進めるには、国民と政治の信頼関係が欠かせない。そのためにも、政府は徹底した情報公開を行い、議会は合意形成型の運営が重要となる。国民の税への納得感は「政府は、私たちの暮らしのために税金をつかっている」という感覚がもととなっている。議論に必要な情報と意思決定プロセスを公開することによって、論点の整理が可能であると共に、議論の責任の所在が初めて明らかになる。国民にとってはこうした全体像が見えて初めて、可否の判断を下すことができる。こうした政治と国民のコミュニケーションが十分になされない状況下では、自分の知らないところで政策が決められ、進められていくという感覚に国民は陥ることだろう。近年は、議会での議員の質疑の質や量を検証したり、ファクトチェックを行う民間団体も出てきている。このように、市民から政治の「緊張感」を生み出していく必要があるのかもしれない。

# 終わりに──その先にある未来──

私は前章を「ボクらのニッポン」を創る、と題した。現在30歳である私や、私の同世代が放つ僕らのという言葉には、無意識に「若者の立場にたった」という含意がある場合が多い。しかし、それは行き過ぎれば僕らのため「だけ」の日本になりうる。属性、年齢、性別、障がいの有無、といった様々な境目を乗り越えることができないまでも、「わがごと」として互いの困難を捉えた時、もう一つの「ボクらのニッポン」が立ち上がる。そして、それは誰もが社会の課題に無関係ではいられない社会である。その時起こるのは、「福祉」の消滅、「社会」の起動である。人生のリスクを誰もが共有し、「社会」全体で向き合っていく。誰もが議論に参加し、自由に意見を述べながら共に社会を創っていく。

こうした社会のありかたは、経済のインセンティブすらも変えていくだろう。かつて日本経済にとって成長インセンティブとなっていたのは、アニマルマインドであった。それは、身体的・経済的豊かさを追い求める動物的野心である。しかし、経済的にはある程度の豊かさを享受し、日本社会が成熟していく中で、豊かさの価値そのものを問い直す時期が来ている。私たちは、健康であること、支え合いが身近にあること、人間的つながりが感じられること、を追求するようになる。資本の蓄積そのものを追い求めたアニマルマインドから、ウェルビーイングの次元で人生の豊かさを追及していくことこそが経済を発展させるインセンティブになるのではないか。20世紀後半に加速度的な成長を遂げた日本は今、国際的に見てもこうした成熟した社会に転換する最前線にいるのである。

その先に見えるのは、過度に危機感をあおり「競争」を強制することなく、生活の安心を基盤とした上で誰もが自由に未来に挑戦できる「共創」社会である。

地域福祉の現場で出会ったおばあちゃんたちやおじいちゃんたちが、孤立することなく活き活きと過ごす未来がきっと来る。銀行員時代に出会ったシングルマザーにも「しょうがない」なんて決して言わせない未来がきっと来る。居場所支援の現場で遊ぶ子どもたちが、大人になった時に「幸せだな」と思える未来がきっと来る。いや、私たちが一緒に創っていかなければいけない。

ボクたちは自分たちの意思で未来を選択することができる。

# 謝辞

冒頭にも述べたが、まず福祉の右も左もわからない私を包み込むように受け入れてくださり、時には厳しくご指導いただいた現場の皆様には改めて心から感謝している。皆様の優しさと強さがなければ、本書にまとめることは不可能であっただろう。また、松下政経塾の講義や審査会を通して、常に本質的なご指導をいただいた講師の先生方に心より御礼申し上げたい。株式会社社保研ティラーレの皆様には、本書のアイデアのきっかけとなる週刊誌の連載を担当する機会を頂戴した。多くの勉強会にもお誘いいただき、社会保障行政に関わる最新情報の交差点に常に身を置くことができている。そして、塾生の同志、塾員の先輩方からは日常的なコミュニケーションから多くの発見や気づきをいただいた。志に向けた切磋琢磨をするにあたってかけがえのない存在である。

本書の執筆にあたり、多大なるご尽力をいただいた皆様に心より感謝申し上げ、結びの言葉とさせていただきたい。

i　齋藤純一編著『福祉国家／社会的連帯の理由』（齋藤純一「序論　社会的連帯の変容と課題」）ミネルヴァ書房、２００４年、p1

ii　齋藤純一『政治と複数性――民主的な公共性にむけて』岩波書店、２００８年、p176

iii　齋藤純一『不平等を考える――政治理論入門』ちくま新書、２０１７年、p103
ここでの依存は市民間の対等な関係に基づいており、他者の意思に支配――被支配の関係が結ばれることには同意しない。具体的には、ケアに専念する人が生計を資する人に依存せざるをえないことは避ける必要がある。

iv　齋藤、２０１７年、p98-106

v　シュムペーター『租税国家の危機』訳　木村元一、小谷義次、岩波文庫、１９８３年、p24

vi　神野直彦『財政学　改訂版』有斐閣、２００２年初版、２０１２年改訂版第４刷、p7

vii　総務省統計局『労働力調査（基本集計）２０２２年（令和４年）平均結果の要約』
https://www.stat.go.jp/data/roudou/sokuhou/nen/ft/pdf/youyaku.pdf（２０２３年７月９日閲覧）

viii　厚生労働省『「非正雇用」の現状と課題』、p5
https://www.mhlw.go.jp/content/001078285.pdf（２０２３年７月９日閲覧）

ix　総務省統計局『令和４年労働力調査年報　令和４年平均結果の概要Ⅱ詳細集計』、p2
https://www.stat.go.jp/data/roudou/report/2022/pdf/summary2.pdf（２０２３年10月10日閲覧）

x　ビジネスジャーナル『雇用保険から排除される非正規労働者…失業保険を少しでも多く受け取る裏ワザ（２０２１年３月５日）』
https://biz-journal.jp/2021/03/post_210601.html（２０２３年７月９日閲覧）

xi　内閣官房日本経済再生総合事務局『フリーランス実態調査結果令和２年５月』
https://www.kantei.go.jp/jp/singi/keizaisaisei/miraitoshikaigi/suishinkaigo2018/koyou/report.pdf（２０２１年８月14日閲覧）

xii　厚生労働省『「非正雇用」の現状と課題』、p4
https://www.mhlw.go.jp/content/001078285.pdf（２０２３年12月28日閲覧）

xiii　総務省統計局『労働力調査（詳細集計）２０２３年（令和５年）１～３月期平均　結果の概要』
https://www.stat.go.jp/data/roudou/rireki/4hanki/dt/pdf/2023_1.pdf（２０２３年12月28日閲覧）

xiv　dip総合研究所『正社員で働きたい人が６割！　正社員で働けていない理由は？　～９，３６５人意識調査～』
https://dip-soken.com/work/gvkcfvPA（２０２３年７月19日閲覧）

xv　エリック・ブリニョルフソン、アンドリュー・マカフィー『ザ・セカンド・マシン・エイジ』訳　村井章子、日経ＢＰ社、２０１５

年、p213
xvi 厚生労働省『２０２２（令和４）年　国民生活基礎調査の概況（令和５年７月４日）』、p10
https://www.mhlw.go.jp/toukei/saikin/hw/k-tyosa/k-tyosa22/dl/14.pdf（２０２３年７月19日閲覧）
xvii ダイヤモンド・オンライン『「マイルド貧困」の絶望』
https://diamond.jp/category/s-maihinkon（２０２３年７月19日閲覧）
xviii 小林美希『年収４４３万円 安すぎる国の絶望的な生活』講談社現代新書、２０２２年
xix 厚生労働省『２０２２（令和４）年　国民生活基礎調査の概況（令和５年７月４日）』、p3
xx G・エスピン-アンデルセン『福祉資本主義の三つの世界――比較福祉国家の理論と動態（日本版への序文）』訳　岡沢憲芙、宮本太郎、ミネルヴァ書房、原版１９９０年、２００１年、２０２０年第11刷、pⅷ
xxi 特定非営利活動法人ＫＨＪ全国ひきこもり家族会連合会『長期高年齢化する社会的孤立者（ひきこもり者）への対応と予防のための「ひきこもり地域支援体制を促進する家族支援」の在り方に関する研究～地域包括支援センターにおける「８０５０」事例への対応に関する調査～報告書（はじめに）』２０１９年
xxii 内閣官房孤独・孤立対策推進会議『孤独・孤立対策の重点計画（令和４年12月26日）』、p3
https://www.cas.go.jp/jp/seisaku/juten_keikaku/r04/jutenkeikaku_honbun.pdf（２０２３年７月21日閲覧）
xxiii 西智弘編著『社会的処方――孤立という病を地域のつながりで治す方法』学芸出版社、２０２０年、p21
xxiv 内閣府『令和５年版高齢社会白書』、p37
https://www8.cao.go.jp/kourei/whitepaper/w-2023/zenbun/pdf/1s2s_04-1.pdf（２０２３年７月21日閲覧）
xxv 内閣府、p37
xxvi Inglehart, R., C. Haerpfer, A. Moreno, C. Welzel, K. Kizilova, J. Diez-Medrano, M. Lagos, P. Norris, E. Ponarin & B. Puranen（eds.）.2022.世界価値観調査：すべてのラウンド-国プールデータファイル。Madrid, Spain & Vienna, Austria：JD Systems Institute & WVSA Secretariat.データセット バージョン 4.0。DOI：10.14281/18241.17
xxvii Legatum Institute Foundation, “Legatum Prosperity Index 2023”
http://www.prosperity.com/rankings（２０２３年12月28日閲覧）
xxviii 内閣府経済社会総合研究所『コミュニティ機能再生とソーシャル・キャピタルに関する研究調査報告書２００５年８月』
https://warp.da.ndl.go.jp/info:ndljp/pid/11539153/www.esri.go.jp/jp/prj/hou/hou015/hou15.pdf（２０２１年12月21日閲覧）

# 引用

xxix　宮本太郎『共生保障〈支え合い〉の戦略』岩波新書、２０１７年、p93

xxx　厚生労働省『「地域共生社会」の実現に向けて』
https://www.mhlw.go.jp/stf/newpage_00506.html（２０２３年7月21日閲覧）

xxxi　厚生労働省『生活困窮者自立支援制度及び生活保護制度の見直しに関するこれまでの議論の整理（中間まとめ）』
https://www.mhlw.go.jp/stf/newpage_29894.html（２０２３年7月22日閲覧）

xxxii　駒村康平、田中聡一郎『検証・新しいセーフティーネット——生活困窮者自立支援制度と埼玉県アスポート事業の挑戦』新泉社、２０１９年、p42

xxxiii　厚生労働省『①自立相談支援事業の実施状況・委託先一覧（令和4年7月時点）』
https://www.mhlw.go.jp/content/000943724.pdf（２０２３年7月22日閲覧）

xxxiv　駒村、田中、p208

xxxv　厚生労働省『重層的支援体制整備事業における各事業の概要』
https://www.mhlw.go.jp/kyouseisyakaiportal/jigyou/（２０２３年7月22日閲覧）

xxxvi　大阪府『コミュニティソーシャルワーカー（ＣＳＷ）とは』
https://www.pref.osaka.lg.jp/chiikifukushi/csw/（２０２３年7月22日閲覧）

xxxvii　ユーアイデザイン『コンセプト』
https://you-i-design.jp/concept/（２０２３年7月24日閲覧）

xxxviii　厚生労働省職業安定局障害者雇用対策課地域就労支援室『平成30年度障害者雇用実態調査結果』、p19
https://www.mhlw.go.jp/content/11601000/000521376.pdf（２０２１年5月31日閲覧）

xxxix　文部科学省初等中等教育局特別支援教育課『通常の学級に在籍する発達障害の可能性のある特別な教育的支援を必要とする児童生徒に関する調査結果について』
https://www.mext.go.jp/a_menu/shotou/tokubetu/material/__icsFiles/afieldfile/2012/12/10/1328729_01.pdf（２０２１年5月31日閲覧）

xl　生活クラブ風の村『ユニバーサル就労』
https://kazenomura.jp/universal/（２０２１年5月31日閲覧）

xli　ユニバーサル就労ネットワークちば

https://uwnchiba.net/about/（２０２１年６月10日閲覧）

xlii　富士市『富士市ユニバーサル就労の推進に関する条例』
https://www.city.fuji.shizuoka.jp/shisei/c0402/rn2ola000000svgg-att/rn2ola000000svil.pdf（２０２１年５月31日閲覧）

xliii　厚生労働省『生活困窮者自立支援制度』
https://www.mhlw.go.jp/stf/seisakunitsuite/bunya/0000059425.html（２０２１年６月26日閲覧）

xliv　厚生労働省老健局振興課『介護予防・日常生活支援総合事業の基本的な考え方』、p6
https://www.mhlw.go.jp/file/06-Seisakujouhou-12300000-Roukenkyoku/0000192996.pdf（２０２１年12月19日閲覧）

xlv　日本サルコペニア・フレイル学会
http://jssf.umin.jp/aisatsu.html（２０２１年12月17日閲覧）

xlvi　横浜市『「通いの場」について』
https://www.city.yokohama.lg.jp/kurashi/fukushi-kaigo/koreisha-kaigo/kaigoyobo-kenkoudukuri-ikigai/kayoinobahinnto.html（２０２１年８月２日閲覧）

xlvii　横浜市『親と子のつどいの広場』
https://www.city.yokohama.lg.jp/kurashi/kosodate-kyoiku/kosodateshien/tsudoi/tsudoinohiroba.html（２０２１年８月２日閲覧）

xlviii　西尾敦史著、横浜市社会福祉協議会企画・監修『横浜発　助けあいの心がつむぐまちづくり』ミネルヴァ書房、２０１７年　参照

xlix　横浜市『令和５年度 横浜市介護予防・生活支援サービス補助事業（サービスＢ等）交付団体一覧（令和５年４月１日時点）』
https://www.city.yokohama.lg.jp/kurashi/fukushi-kaigo/koreisha-kaigo/kaigoyobo-kenkoudukuri-ikigai/service-b.files/0049_20230720.pdf（２０２３年３月22日閲覧）

l　横浜市『よこはまシニアボランティアポイント事業について』
https://www.city.yokohama.lg.jp/kurashi/fukushi-kaigo/koreisha-kaigo/kaigoyobo-kenkoudukuri-ikigai/ikigai-shakaisanka/volunteer.files/0072_20190517.pdf（２０２１年12月19日閲覧）

li　厚生労働省社会・援護局長『無料低額宿泊所の設備及び運営に関する基準について（通知）』
https://www.mhlw.go.jp/content/12002000/000554635.pdf（２０２３年７月25日閲覧）

lii　平山洋介『「仮住まい」と戦後日本――実家住まい・賃貸住まい・仮設住まい』青土社、2020年、p39

liii　総務省統計局『２０１９年家計構造調査　表番号1-39 世帯の種類（３区分）、世帯主の性別（３区分）、住宅ローン残高の有無（３区

分）、現住居の構造・建て方（13区分）、収支項目分類（中分類）別1世帯当たり1か月間の収入と支出-全国』より筆者が算定。

liv 平山、p200

lv 平山、p10,11

lvi 平山、p10

lvii 平山、p247

lviii 平山、p247

lix 平山、p163

lx 厚生労働省『給付と負担について』
https://www.mhlw.go.jp/stf/newpage_21509.html（２０２３年7月26日閲覧）

lxi 内閣府『平成21年度年次経済財政報告（経済財政政策担当大臣報告）』、p243
https://www5.cao.go.jp/j-j/wp/wp-je09/pdf/09p03023.pdf（２０２１年８月15日閲覧）

lxii 厚生労働省『令和３年所得再分配調査報告書』、p6
https://www.mhlw.go.jp/toukei/list/dl/96-1/R03hou.pdf（２０２３年10月23日閲覧）

lxiii 財務省『負担率に関する資料』
https://www.mof.go.jp/tax_policy/summary/condition/a04.htm（２０２３年7月25日閲覧）

lxiv 財務省『相続税の課税件数割合及び相続税・贈与税収の推移』
https://www.mof.go.jp/tax_policy/summary/property/e02.htm（２０２３年7月25日閲覧）

lxv 佐藤滋、古市将人『租税抵抗の財政学――信頼と合意に基づく社会へ』岩波書店、２０１４年、p4

lxvi 佐藤、古市、p86

lxvii 深谷市『深谷市の財政状況』
https://www.city.fukaya.saitama.jp/shisei/zaiseiyosangyozaisei/zaisei/zaisei_yosan/1389849574665.html（２０２２年８月24日閲覧）

lxviii G-GOV法令検索『地方財政法（地方債の制限）第五条』
https://elaws.e-gov.go.jp/document?lawid=323AC0000000109（２０２２年7月28日閲覧）

lxix 菊池馨実『社会保障再考――〈地域〉で支える』岩波新書、２０１９年、p70

lxx 宮本太郎『貧困・介護・育児の政治――ベーシックアセットの福祉国家へ』朝日新聞出版、２０２１年、p21

lxxi　宮本、２０２１年、p28

lxxii　佐藤、古市、p6

lxxiii　石橋未来『スウェーデンの介護政策と高齢者住宅～岐路に立たされる高福祉国～（大和総研調査季報　２０１６年 新春号 Vol.21）』、p161

lxxiv　コレクティブハウスかんかん森　居住者組合森の風編『これが、コレクティブハウスだ！――コレクティブハウスかんかん森の12年』ドメス出版、２０１４年、p2

lxxv　両角達平『若者からはじまる民主主義――スウェーデンの若者政策』萌文社、２０２１年、p34

lxxvi　両角、p183

lxxvii　篠原一『ヨーロッパの政治［歴史政治学試論］』東京大学出版会、１９８６年、p41,42

lxxviii　岡沢憲芙『スウェーデンの政治――実験国家の合意形成型政治』東京大学出版会、２００９年、p53

lxxix　岡沢、p73

lxxx　イーヴァル・ロー＝ヨハンソン『スウェーデン：高齢者福祉改革の原点――ルポルタージュからの問題提起』編訳　西下彰俊、兼松麻紀子、渡辺博明、新評論、２０１２年、p43

lxxxi　ヨハンソン、p211、（西下彰俊『あとがき』）

lxxxii　東京ワーカーズコレクティブ協同組合『ワーカーズコレクティブってなに？』
https://tokyo-workers.jp/about_wc/（２０２２年8月25日閲覧）

lxxxiii　小磯明『イタリアの社会的共同組合』同時代社、２０１５年、p37

lxxxiv　菊池、p170

lxxxv　レイ・オルデンバーグ『サードプレイス――コミュニティの核になる「とびきり居心地よい場所」』訳　忠平美幸、みすず書房、２０１３年、p91

lxxxvi　秋山美紀・宮垣元編著『ヒューマンサービスとコミュニティ――支え合う社会の構想』勁草書房、２０２２年、p21

lxxxvii　ミルトン・フリードマン『資本主義と自由』訳　村井章子、日経ＢＰ、２００８年、第12章貧困対策、参照

lxxxviii　森信茂樹編著『給付つき税額控除――日本型児童税額控除の提言』中央経済社、２００８年

lxxxix　GOV.UK『Universal Credit』
https://www.gov.uk/universal-credit（２０２３年7月28日閲覧）

xc 末冨芳、桜井啓太『子育て罰——「親子に冷たい日本」を変えるには』光文社新書、２０２１年、p256

xci 小黒一正『金融所得課税強化の株式市場への影響をどう予測するか（週刊ダイヤモンド２０２１年11月13日号）』ダイヤモンド社、２０２１年、p22

xcii 日経新聞、２０２２年8月20日号

xciii 財務省『報道発表　年次別法人企業統計調査（令和４年度）結果の概要、p8
https://www.mof.go.jp/pri/reference/ssc/results/r4.pdf（２０２３年10月24日閲覧）

xciv 井手英策『幸福の増税論——財政はだれのために』岩波新書、２０１８年、p145,146

xcv 財務省『消費課税（国税）の概要（税目ごとの税収等）』
https://www.mof.go.jp/tax_policy/summary/consumption/d01.htm（２０２３年10月24日閲覧）

xcvi 井手英策『日本財政　転換の方針』岩波新書、２０１３年、p142

xcvii 神野直彦『「人間国家」への改革——参加保障型の福祉社会をつくる』ＮＨＫブックス、２０１５年、p170-175

xcviii Stockholms stad HP『Kommunalskatten』
https://start.stockholm/om-stockholms-stad/sa-anvands-dina-skattepengar/kommunalskatten/（２０２１年8月16日閲覧）

xcix 松下電器産業株式会社創業五十周年記念行事準備委員会編『松下電器五十年の略史』、１９６８年、p119

c BBC NEWS JAPAN『日本マイクロソフト、週休３日で「生産性向上」試験結果を発表（２０１９年11月５日）』
https://www.bbc.com/japanese/50297893（２０２３年7月29日閲覧）

僕たちは支え合いから幸せを創ることができる
~提言 社会保障エコシステムの未来~



令和5年12月28日発行

著　　者/宗　野　　創
発行人/中　島　孝　司
発　　行/株式会社 国政情報センター
〒150-0044 東京都渋谷区円山町5-4 道玄坂ビル
電　　話/03-3476-4111
H　　P/www.kokuseijoho.jp
カバー写真撮影/ココフォト

定価:1,320円(本体+税10%)　落丁・乱丁本はお取替えいたします。
ISBN978-4-87760-370-0 C0031 ¥1200E